UN
TRAPPISTE DU XIXe SIÈCLE

LE P. JEAN-BAPTISTE

RELIGIEUX DE LA TRAPPE DE MELLERAY

(1858-1882)

Par M. l'Abbé **BOURSIN**

CHANOINE TITULAIRE DE LA CATHÉDRALE DE COUTANCES
LICENCIÉ ÈS LETTRES

OUVRAGE ILLUSTRÉ DE NEUF BELLES GRAVURES

TOURS
ALFRED CATTIER, ÉDITEUR
PARIS. — LARCHER, LIBRAIRE, RUE BONAPARTE, 57
1885

LE P. JEAN-BAPTISTE

RELIGIEUX DE LA TRAPPE DE MELLERAY

TOURS, IMPRIMERIE ROUILLÉ-LADEVÈZE

LE P. JEAN-BAPTISTE

UN
TRAPPISTE DU XIXe SIÈCLE

LE P. JEAN-BAPTISTE

RELIGIEUX DE LA TRAPPE DE MELLERAY

(1858-1882)

Par M. l'Abbé BOURSIN

CHANOINE TITULAIRE DE LA CATHÉDRALE DE COUTANCES

LICENCIÉ ÈS LETTRES

OUVRAGE ILLUSTRÉ DE NEUF BELLES GRAVURES

TOURS

ALFRED CATTIER, ÉDITEUR

1885

DÉCLARATION

L'auteur désirant se conformer au Décret du pape Urbain VIII, proteste que s'il donne le nom de « saint » au P. Jean-Baptiste, il se propose uniquement de montrer les sentiments que lui ont inspirés ses vertus. Il ne prétend en aucune manière prévenir le jugement de la sainte Église, pour laquelle il aura toujours, avec la grâce de Dieu, un profond respect, un attachement filial et une entière soumission.

Lettre de Monseigneur GERMAIN,
Évêque de Coutances et Avranches, à l'auteur.

Mon bien cher Chanoine,

Votre ouvrage *Un Trappiste du XIXe siècle* est un bon livre, bien écrit, aussi remarquable par le vif intérêt du récit que par l'édifiant attrait des exemples et des sentiments qui ressortent d'une vie si courte mais si bien remplie. Vous n'avez pas seulement fait un beau travail, mais une bonne œuvre. J'aime à vous louer d'employer si utilement les heures rares que vous avez su vous ménager au milieu des travaux que le zèle vous inspire.

Puisse ce livre que vous offrez au public faire goûter à un grand nombre de lecteurs les charmes de la vertu, de la piété, de la paix de Dieu.

Croyez toujours, mon bien cher chanoine, à mon affectueux dévouement en Notre-Seigneur.

† ABEL,
Évêque de Coutances et Avranches,

Au Révérendissime (1) Père Abbé de Melleray.

MON RÉVÉRENDISSIME PÈRE,

La vie du Père Jean-Baptiste vous appartient. Ce fut dans l'enceinte de votre couvent qu'il conçut le dessein généreux de se faire Trappiste ; ce fut sous votre direction qu'il pratiqua les aimables vertus dont j'ai essayé de retracer le tableau ; enfin c'est à votre bienveillance que je dois tous les documents qui pourront donner de l'intérêt à mon récit.

(1) Le R. Père Abbé de Melleray ayant été nommé pour six ans vicaire général de la Congrégation, porte pendant toute la durée de sa charge, le titre de Révérendissime Père.

Lorsque j'ai mis en ordre les détails que vous m'aviez fournis, j'ai obéi, vous le savez, aux inspirations de l'amitié. Je ne pouvais me promettre de voir s'ouvrir devant moi un vaste champ où je rencontrerais des événements liés d'une façon intime à la marche d'une société ou d'une époque. Je n'avais en face de moi que l'histoire d'une âme; mais je n'ai pas été longtemps à m'apercevoir que cette histoire présentait des épisodes, des actes, des détails d'une suavité peu commune..

La suite des faits m'a naturellement conduit à jeter un coup d'œil sur la vie de la Trappe si peu connue des esprits antireligieux, qui la calomnient, ou des esprits ignorants, qui semblent, comme à plaisir, s'en faire la plus fausse idée. Tout en cherchant à me tenir dans les justes limites que m'imposait mon récit, j'ai essayé de présenter, dans leur vrai jour, les points les plus intéressants de votre règle.

Je serais heureux, mon Révérendissime Père, si ces pages vous permettaient de retrouver les traits fidèles du fils que la mort a ravi d'une façon si prématurée à votre affection : ce serait pour moi le meilleur gage de l'heureuse influence que pourrait exercer sur mes lecteurs la vie du Père Jean-Baptiste.

Veuillez agréer, mon Révérendissime Père, l'hommage de mon religieux respect.

L. BOURSIN,

CHANOINE TITULAIRE.

Coutances, 8 *décembre* 1884.

INTRODUCTION

NOTRE main a tremblé en écrivant ce mot. L'usage, devenu règle, parce qu'il dérive d'un sentiment juste et qu'il répond à une légitime exigence du public, est qu'un écrivain nouveau ou peu connu qui désire être présenté à ses lecteurs futurs, cherche, pour le livre auquel il veut attacher son nom, un parrain, ou, si l'on veut, un introducteur parmi les maîtres de l'art. Que d'œuvres, plus ou moins médiocres, au frontispice desquelles reluit ainsi quelque médaillon signé du nom de tel ou tel académicien, plus ou moins fameux.

M. l'abbé Boursin possède à un assez haut degré les dons de l'écrivain, comme ceux de l'orateur, pour n'avoir besoin d'aucun patronage ni d'aucune recommandation. Aussi en nous demandant d'écrire quelques pages en tête de son livre, s'est-il inspiré uniquement d'une amitié dont il nous permettra de le remercier, parce que nous en sommes heureux autant que fier. Ici, contrairement à la coutume reçue, c'est l'Introduction qui doit, humble et timide comme il lui convient de l'être, s'abriter à l'ombre du livre.

M. l'abbé Boursin a voulu écrire, nous ne disons pas la vie d'un saint, — l'Église seule peut donner ce titre, — mais une vie sainte. On ne peut se livrer à ce travail sans y trouver sa meilleure récompense, non seulement dans le mérite qu'il procure, mais aussi dans la joie vive et pure dont il est la source. L'intelligence et l'imagination produisent toujours, pour ceux qui les cultivent avec respect, amour et persévérance, des fruits charmants et délicieux. Mais lorsqu'il est donné de pénétrer à l'intérieur d'une âme dans laquelle les parfums les plus suaves et les plus exquis s'épanchent, se croisent et se marient pour composer *la bonne odeur de Jésus-Christ,* où toutes les vertus, d'une beauté si variée et si enchanteresse, fleurissent et fructifient sous la rosée et les rayons du ciel des Anges, comment le cœur ne serait-il pas embaumé, vivifié dans cette atmosphère et cette splendeur divines?

Nos pères l'avaient compris. Mieux inspirés que nous, ils connaissaient les sources de l'allégresse, qui sont aussi les sources du courage et de l'espérance ; ils y buvaient avec une pieuse avidité qui se renouvelait en se satisfaisant. Après l'Évangile et les récits bibliques, d'une simplicité sublime et ravissante, les *Vies des Saints* étaient leur lecture préférée. Ils y cueillaient ensemble les fruits de la vraie science et les fleurs de la vraie poésie, toutes deux divines et toutes deux populaires. Ces héros, si grands, si humbles, si purs, si miséricordieux et si aimables, dont l'histoire les avait émerveillés, ils les retrouvaient et les contemplaient, avec une nouvelle admiration, transfigurés par les rayons du soleil, dans les verrières aux brillantes couleurs, ou modelés par les mains d'un sculpteur souvent naïf, toujours pieux, dans l'attitude du recueillement ou d'une douce extase, sous les dais de pierre qui découpaient les murailles de leur église. L'idéal de la sainteté, avec ses dons et ses caractères si variés dans l'unité du suprême et éternel amour, entrait en eux, à flots, par toutes les ouvertures de l'âme, qui se baignait, se délectait et se retrempait en ce fleuve de vie.

C'était un courant doux et fort qui descendait du ciel et y remontait, emportant les cœurs qu'il avait arrachés aux ingrates et misérables attaches de la matière et du temps.

A notre époque, la foule, répudiant le surnaturel, demande et recherche un autre idéal; car l'idéal est le premier besoin de l'homme. En vain des maîtres aussi insensés que pervers lui montrent ses intérêts terrestres comme le dernier but de la vie, et, après avoir essayé de lui voiler le ciel et de lui couper les ailes des espérances et des désirs immortels, le veulent emprisonner dans l'étroit et sombre cachot de la morale utilitaire! Même quand, trompé par ces leçons qui le dégradent à ses propres yeux, il accepte comme une délivrance cette captivité, et cet aveuglement comme la conquête et la possession de la vraie lumière, son âme, inquiète et agitée, ainsi que l'aigle en cage, garde des aspirations que la pâture jetée aux convoitises grossières ne satisfait point. L'imagination frémissante veut s'élancer en des rêves qui l'éblouissent et l'enchantent; et le cœur, si meurtri et si desséché qu'il soit, s'emplit et se gonfle de soupirs qu'il ne peut étouffer. Ainsi se trahissent la grandeur et la noblesse de l'homme, par le besoin d'admirer et d'aimer. Autour de nous, nous n'apercevons, dans le monde moral en particulier, que des beautés imparfaites et des bontés défectueuses. Il faut sortir du cercle des réalités basses et vulgaires et entrer dans un monde nouveau, vaste, brillant, étrange, varié à l'infini, où l'on puisse marcher de surprises en surprises plus étonnantes, d'émotions en émotions plus vives. A cet appel incompréhensible de l'âme, qui ne voulait plus voir *Dieu admirable en ses saints*, le roman a prétendu répondre. Il s'est présenté sous les formes les plus diverses, mais toujours revêtu d'ornements éclatants, même quand c'étaient des oripeaux usés, alerte, pimpant, hardi, aventureux, annonçant toujours des découvertes extraordinaires en des régions inexplorées, et des drames inouïs au milieu de spectacles féeriques. Toutes les puissances de l'âme devaient être excitées et satisfaites. Ces promesses, toujours trompeuses, n'ont pas cessé de trouver créance ou, du moins, d'attirer des dupes qui restent fidèles à l'appât, même quand elles le savent perfide et empoisonné. Elles demeurent avides et insatiables de ce philtre, malgré les dégoûts qu'il leur cause!

Cette passion étrange et funeste du roman rend témoignage, à sa manière, nous le répétons, de la dignité et de l'immensité du cœur humain. Le monde imaginaire n'ayant point de limites précises, lui présente comme une perspective, comme un mirage de l'infini, dans lequel il a besoin de se plonger. Mais l'infini, c'est Dieu, et il n'y a pas d'autre Dieu que Dieu : *Et non est alter*. Lui seul peut étancher cette soif d'admirer qui nous consume. C'est au sein de cette beauté, toujours ancienne et toujours nouvelle, que l'âme, prodigieusement dilatée, s'emplit du légitime et véritable enthousiasme comme elle s'éprend du véritable et pur amour. Tout sentiment qui, en dehors de Dieu, usurpe l'un de ces noms incommunicables, n'en est qu'une misérable contrefaçon et une contradiction directe.

L'enthousiasme! Plusieurs ont voulu voir la racine de ce nom dans ces deux mots grecs : ἐν Θέῳ, en Dieu. Dans toutes les choses créées, du moins en dehors du ciel, notre esprit ne trouve rien de si grand que lui-même. Aussi l'admiration qui s'attache aux objets terrestres s'épuise vite, et, pour en prolonger un peu la durée, il faut que l'imagination entoure l'être qui lui plaît d'une auréole, reflet éphémère de son illusion. Mais aussitôt que notre regard entrevoit l'ombre de Dieu, il est ravi, c'est le mot, et s'il ne se détourne pas de cette vision, devant laquelle tout s'efface, ou plutôt sous le rayonnement de laquelle tout est transfiguré, il est ravi pour jamais. L'esprit humain alors n'est plus en lui-même, il ne s'appartient plus, il ne se regarde plus, que pour voir en lui l'œuvre de Dieu, il est enlevé, transporté, captif de la beauté suprême. L'enthousiasme, c'est aussi l'humilité, puisque c'est l'anéantissement.

Sur l'autel de son admiration, l'âme humaine se sacrifie : ἐνθύω; enthousiasme signifie littéralement *sacrifice*. N'est-il pas permis d'expliquer en ce sens cette croyance des Hébreux que l'homme ne peut voir Dieu sans être frappé de mort? Mais cette mort, qui nous élève au-dessus de tout ce qui est mortel et nous met en face de la Vérité vivante et radieuse, malgré les voiles impénétrables qui nous cachent son visage, jusqu'au jour éternel, cette mort à nous-mêmes et au monde, à ce qui est figure, apparence, ombre vaine et fragile, cette mort à ce qui change et s'évanouit, pour s'abîmer, éperdu d'adoration, dans la gloire de Celui qui seul demeure, n'est-elle pas la vraie vie, la vie à sa plus haute puissance et dans son plus sublime essor?

Comme l'enthousiasme, l'amour ne trouve qu'en Dieu son terme et son objet. Par l'amour, le cœur aussi sort et s'éloigne de lui-même. Ce mot, « le plus beau des langues humaines », *amo*, j'aime, ne vient-il pas de ces deux monosyllabes *a me*, en dehors de moi ?

Dans le monde, l'étymologie qu'il faudrait donner serait toute différente : c'est *ad me* que l'on devrait dire, j'attire *à moi*, ce qui est la formule de l'égoïsme et de toute passion personnelle, qui s'immole et dévore, pour ainsi dire, son objet, comme les autels des faux dieux dévoraient les victimes. Mais, ô secret de la sagesse et profondeur des jugements de Dieu ! en se renonçant, en sortant de lui-même, en se donnant et s'immolant à Dieu, le cœur est inondé des plus pures délices en même temps qu'il puise une exubérance de vie, une plénitude d'énergie, de tendresse, de suavité que le monde ne peut ni comprendre, ni concevoir. Plus il s'est vidé par l'abnégation, plus il est rempli, plus il déborde d'affection, plus il a de dévouement à dépenser au profit de tous et plus aussi il épanche largement sur chacun la part réservée qui lui appartient. Celui qui aime Dieu uniquement comme il le faut aimer, puisque Lui seul mérite et a le droit d'exiger tout notre amour, aime parfaitement tous ceux qu'il doit aimer, non pour lui, mais pour eux et surtout pour Dieu.

Dieu a creusé le cœur comme un puits profond, mais fermé, dont il garde la clef. Au premier appel, il vient et ouvre. L'eau vive et pure jaillit alors en gerbe grossissante jusqu'à son cœur, d'où elle retombe, comme une rosée sanctifiée et divinisée par ce contact, pour devenir l'amour du père, de la mère, de l'enfant, de l'époux ou de l'épouse, l'affection de l ami, la charité du chrétien. Mais s'il repousse Dieu, le cœur se dessèche; la source d'où l'amour devait s'épancher est bientôt tarie, et à la place s'allume quelque passion, plus ou moins ardente, qui, tout en portant le ravage autour d'elle, en flétrissant et détruisant ce qu'elle touche de sa flamme impure, calcine et consume son propre foyer.

Il n'est pas exact de dire qu'en dehors de Dieu on aime mal; la vérité c'est qu'en dehors de Dieu on n'aime pas, ou bien l'on n'aime que soi, et, en soi, seulement son caprice, son plaisir, son actuelle satisfaction.

Le *roman*, c'est la légende de cet égoïsme, toujours féroce et homicide, n importe sous quelle forme il se développe.

On s'explique très bien que le roman attire et captive. Outre le talent de l'écrivain, la parure littéraire qu'il peut avoir jetée sur son œuvre, outre l'aliment que telle ou telle passion particulière rencontre dans les peintures, les idées, les sentiments qui se déroulent à travers des péripéties plus ou moins dramatiques, il y a toujours ce fond d'égoïsme que chacun retrouve en soi et par lequel nous tenons à la masse des égarés et des corrompus. C'est la nature humaine elle-même que flatte le romancier, en peignant de couleurs agréables des instincts et des penchants dont le germe, au moins, est en tous ; sous la diversité des vices, l'héritage du péché témoigne d'une parenté qui rapproche le lecteur des héros créés pour glorifier ou pour excuser, en leur personne, le mal dans quelqu'une de ses variétés. Au lieu de rougir, il est porté à s'honorer de cette ressemblance avec des personnages qu'on lui présente comme des types merveilleux.

Ainsi l'âme s'aveugle et aspire par tous ses pores une dépravation d'autant plus dangereuse qu'elle est plus subtile et qui s'infiltre jusque dans les dernières racines de la conscience. Mais voici où la vengeance de Dieu commence de se manifester. Ce qu'on cherche dans ces livres pernicieux, c'est la distraction d'abord et aussi l'enthousiasme ou, ce qui en est la parodie, l'exaltation. S'exalter, c'est s'élever à ses propres yeux, se gonfler du vent de son orgueil. Il n'est pas rare que cette folie coupable ne tourne en véritable démence. C'est crime d'idolatrie de se rendre à soi-même un culte et de chercher en soi-même la perfection qu'on veut adorer. Or, en voulant ainsi faire le dieu et se repaître de son excellence, Nabuchodonosor fut changé en bête. C'est une histoire qui se renouvelle fréquemment. Mais l'effet ordinaire et inévitable du roman, c'est l'ennui, un ennui morne, inconscient, accablant et presque irrémédiable. Tous les ressorts de l'âme sont usés, toutes les fibres relâchées, toutes les puissances anéanties. Tout fatigue, tout répugne, tout dégoûte, tout devient insipide, même ces lectures maudites auxquelles on ne trouve pas de saveur, mais dont néanmoins on ne peut plus se passer. Le cœur est glacé, l'esprit depuis longtemps faussé s'étiole, l'imagination elle-même s'éteint. C'est une langueur et une atonie universelle, dans laquelle la malheureuse victime reste affaissée sous son propre poids. En se nourrissant de lui-même, l'égoïsme a bientôt fait de dévorer sa propre substance, et il trouve son châtiment dans cette étrange inanition, devenue si commune, que nous avons tâché de dépeindre.

Notons cependant que le roman chrétien, quand il mérite vraiment ce titre, ce qui est trop rare, produit un résultat tout contraire. Ce qu'il dépeint et ce qu'il célèbre, lui aussi, c'est l'amour divin régnant dans une âme et inspirant ou purifiant ses sentiments. Si le mal paraît, c'est pour être flétri et puni ou expié par le repentir. La morale qui se dégage de ces récits imaginaires est la même qui se rencontre dans les vies des saints.

Mais combien celles-ci sont plus intéressantes et plus admirables! Ces fictions peuvent se comparer à la nourriture chétive que l'on donne au convalescent, parce qu'il n'en pourrait supporter une plus substantielle et plus généreuse. L'histoire d'une âme vraiment et fortement chrétienne, d'une âme sainte, dans quelque condition qu'elle se soit trouvée, voilà le drame propre à émouvoir et à élever un cœur qui a le sentiment de la beauté et de la grandeur morales.

On le verra dans ce livre que l'on peut citer comme un témoignage de cette vérité. La curiosité avide d'aventures extraordinaires ou de révélations piquantes n'y trouvera rien qui la satisfasse. La vie du Père Jean-Baptiste, si vite moissonnée, n'a marqué par aucun événement, ne s'est trouvée mêlée à aucun épisode retentissant de nos annales contemporaines. Aucune grande passion ne l'a troublée, aucun des hauts faits qui attirent les regards de la foule ne l'a ennoblie, aucun éclat de lutte, de triomphe, de gloire ou de simple célébrité ne l'a signalée. Il a passé comme une ombre discrète, enveloppé de silence, de modestie, d'obscurité. Enfant, élève, il a ressemblé à beaucoup d'autres; moine, pendant quelques années seulement, il a évité avec un soin jaloux tout ce qui aurait pu le faire remarquer au milieu de ses frères; d'ailleurs, à la Trappe, toute recherche de louange ou d'estime serait sévèrement jugée et tournerait à confusion. Cet humble enfant d'ouvrier s'est éteint à vingt-quatre ans, sans avoir eu le temps de creuser son sillon, sans rien laisser de lui que sa mémoire, douce et pure, mais aussi frêle et presque imperceptible, comme le souffle léger de la brise au crépuscule.

La vie de la Trappe, les grands souvenirs, les mystères d'héroïsme et de sainteté qui s'abritent et se renouvellent sous ces cloîtres austères; les personnages illustres qui, détrompés du monde, presque toujours avant de l'avoir connu, et affamés de Dieu, vont là chercher la route la plus sûre du ciel, en s'attachant à suivre de plus près le Sauveur Jésus et à porter avec plus d'amour une plus large part de sa croix; de longues digressions sur les problèmes divers que les institutions monacales soulèvent ou résolvent, particulièrement à notre époque; des aperçus jetés de cet observatoire élevé sur la nature humaine, avec ses contradictions, ses misères, ses défaillances et ses sublimes relèvements; enfin beaucoup d'autres considérations, qui s'offraient comme d'elles-mêmes, auraient pu tenir, dans cet ouvrage, une place considérable et suppléer à la disette des faits par l'abondance des renseignements et des réflexions. L'auteur n'a pas eu ce mauvais goût. Il n'a pas voulu noyer, dans un cadre démesuré, la candide figure qu'il a tracée en lignes si discrètes et si délicates. Il a écarté les couleurs trop vives, estompé les nuances, tout en dessinant nettement les contours et en donnant aux traits tout le relief par lequel ils se gravent dans l'esprit du lecteur.

Avec cela, qui semble si peu, *Un Trappiste au* XIXe *siècle* est un livre charmant. Il intéresse, il captive, il émeut, il édifie, il embaume l'âme de cette odeur de vie qui est le parfum de Jésus-Christ. Cet enfant, qui n'a, pour ainsi dire, rien fait, nous offre le spectacle d'une vie pleine;

il porte en ses jeunes mains une moisson abondante et magnifique.

Il est saint, il est fort, il est ardent et vaillant, non par élans passagers, mais avec une constance qui s'accroît sans cesse par ses efforts divinement récompensés. Surtout il est aimable parce qu'il aime de tout son cœur, si bon, si frais, si épanoui, si dévoué, si oublieux de lui-même et si heureux de se prodiguer aux autres.

Ce cœur s'est plongé dans l'amour divin, et il y a pris cette beauté pleine d'attraits et ce courage qui ne se lasse pas de vaincre, dans la guerre la plus rude et la plus rebutante, la guerre contre soi-même. Il possède, il cultive toutes les vertus, parce que Dieu les demande toutes et qu'il ne veut rien lui refuser. Il est maître de lui-même, il se possède dans la paix, cette paix militante qu'il faut défendre et reconquérir chaque jour, mais qui est la paix pourtant, parce que les assauts de l'ennemi ne l'entament pas et en troublent à peine la surface promptement calmée. La vraie et ineffable joie luit sur cet azur d'innocence modeste, comme un reflet du bonheur éternel, comme un sourire de la bonté divine.

Qui ne serait attendri de ces tendresses si profondes et si naïves pour sa famille comme pour ses frères de religion? Qui ne serait encouragé et consolé en le voyant si doux, si calme, si triomphant, par la certitude de ses espérances, en face de la maladie et de la mort?

L'âme sort de cette lecture, non pas troublée, agitée, en proie à de folles ivresses, mais réconfortée et délicieusement émue par le contact de cette vertu si sérieuse et si attirante.

Nous voulons louer M. Boursin de nous avoir tout dit sur son héros, ses défauts comme ses qualités. Il est bon que nous voyions la faiblesse humaine dans ceux qui en triomphent. La leçon s'applique mieux à nous et nous laisse moins d'excuses que si les modèles mis devant nos regards nous apparaissaient dans une perfection sans ombre.

Et maintenant nous n'avons plus qu'à formuler un double souhait. Que les chrétiens qui savent écrire et qui en ont le temps, nous donnent beaucoup de livres comme celui-ci, beaucoup de vies des saints ou de vies édifiantes. Que les familles gardent, comme autrefois, leur préférence à ces récits, toujours féconds en fruits de salut. On y trouvera un intérêt tout aussi vif et tout aussi palpitant que dans ces publications malsaines et dangereuses qui, après avoir galvanisé un instant l'attention, laissent l'intelligence incapable de toute application sérieuse, l'imagination déflorée, le cœur ballotté entre le rêve qui le souille et l'ennui qui le ronge, en dehors du devoir rejeté et de la paix perdue.

L.-M. Mustel.

Coutances, 8 décembre 1884.

CHAPITRE I

L'ESPIÈGLE

« Ne désespérez jamais d'un enfant léger. A-t-il du cœur ? A-t-il de la foi ? Plus tard, cet enfant peut être un homme, un saint ! »

(Mgr Germain.)

Jean-Baptiste-Édouard BOURROUET naquit le 13 février 1858, à Vieillevigne, paroisse du diocèse de Nantes. Il était le quatrième enfant d'une de ces familles bretonnes où la foi, la piété et l'honneur chrétien se sont conservés comme le plus précieux héritage : son frère et sa sœur le tinrent sur les fonts du baptême. Dieu, en les unissant au nouveau-né par un lien plus étroit encore que celui de la famille, lui préparait deux anges gardiens dont il ressentira plus tard l'heureuse influence. Le frère, devenu prêtre de Saint-Sulpice, apportera dans la direction de son filleul la sagesse éclairée d'un père ; Jean-Baptiste trouvera dans sa sœur une seconde mère au regard vigilant et au cœur affectueux.

Chez un certain nombre d'âmes privilégiées, il n'est pas rare de rencontrer des vertus précoces qui annoncent les hautes destinées auxquelles la Providence les appelle. Parfois aussi, Dieu permet que la nature s'épanche d'abord au dehors; ensuite il attire à lui, avec des attraits d'autant plus puissants, que les écarts ont été plus marqués et que la résistance paraissait plus ouverte. Alors il est permis de voir avec plus de clarté le travail de la grâce et les merveilles qu'elle opère.

Les premières années de Jean-Baptiste furent loin de révéler celui que ses frères devaient appeler plus tard « l'aimable saint de Melleray ». Aucun indice de sa future vocation ne se manifestait. Une tendance marquée à la légèreté, à la dissipation n'était pas de nature à faire soupçonner les desseins de Dieu. Il aimait le mouvement et l'agitation. Les compagnies où il pouvait plus librement satisfaire ses goûts avaient ses préférences. Les réunions les plus tumultueuses d'enfants reconnaissaient presque toujours le jeune espiègle pour leur chef. Il était le héros des escapades du quartier. Ses exploits lui eussent facilement obtenu la palme au milieu de ses émules. Hélas ! le pauvre enfant dut constater que tout le monde n'appréciait pas de la même façon ses mérites : à la maison paternelle, de sérieuses réprimandes, le fouet même accueillirent plus d'une fois son retour. L'enfant acceptait avec soumission le châtiment qu'il avait justement mérité. Des larmes d'un repentir sincère coulaient de ses yeux; il se jetait sur le cœur de sa mère et promettait d'être plus sage à l'avenir. Mais, le lendemain, les bonnes résolutions de la veille s'évanouissaient. Nouvelles réprimandes, nouvelles promesses. Pour excuser ses fredaines, il eût dit volontiers, comme un autre espiègle, devenu l'imitateur de sa pénitence : « Maman, si vous aviez ma tête sur vos épaules !... »

On avait espéré que la direction et la discipline des Frères le rendraient plus sérieux. Il n'en fut rien. L'entrée à l'école n'eut pour résultat que de changer le théâtre de ses espiègleries, ou plutôt elle en eut un second qui ne valait pas mieux. Elle montra que Jean-Baptiste n'aimait pas l'étude. Aussi recueillit-il, comme à la maison paternelle, une ample moisson de punitions. Sa nature se manifestait partout sans retenue : l'église n'eut pas elle-même le pouvoir de lui imposer une juste réserve. En le voyant gaiement occupé à façonner des canards en cire, au pied des autels, personne n'eût découvert dans l'enfant de chœur d'alors un futur religieux de la Trappe. La crainte du regard de Dieu lui faisait peu d'impression. Il redoutait tout autrement la vue des hommes. Mais il ne réussissait pas toujours à l'éviter, et plusieurs fois, en expiation de ses fredaines, il dut rester à genoux sous la lampe du sanctuaire.

A cette légèreté naturelle, Jean-Baptiste joignait un talent particulier pour l'observation. Les travers des autres échappaient rarement à sa sagacité. Comme d'ailleurs il était doué d'une voix souple et d'une physionomie mobile, il excellait à les contrefaire. S'il faut en croire certains récits, l'enfant de chœur de Vieillevigne était assez heureux pour produire d'étranges illusions. Un jour entre autres, il fut appelé à donner, dans une réunion intime, une représentation de ce genre : il s'agissait de reproduire la voix chevrotante et l'accent nasillard du premier chantre de la paroisse. Au rapport d'un témoin oculaire, le succès fut complet. Les applaudissements ne manquèrent pas à l'artiste. Mais, hélas ! parmi les flatteurs se rencontrèrent des indiscrets. La spécialité du jeune acteur fut bientôt connue du vénérable curé de Vieillevigne. Certains détails précis parvinrent même à ses oreilles : ainsi on l'informa que Jean-Baptiste ne se faisait pas faute de mettre en scène de respectables personnalités du bas-chœur. Monsieur le curé vit là un abus. Tout au moins, pour maintenir le principe du respect que mérite la vieillesse, il signifia à l'espiègle l'ordre de ne plus faire montre de ses talents.

Malgré le plaisir qu'il trouvait dans ce genre de récréation et les encouragements qu'on lui prodiguait, l'enfant respecta fidèlement la consigne. Dans la suite on eut beau l'engager à l'enfreindre, il avait une réponse invariable : « Je ne puis pas, monsieur le curé le défend ! »

C'est qu'en effet, sous cet extérieur léger, Jean-Baptiste cachait un cœur généreux et d'une docilité remarquable. Si de malencontreuses avanies lui arrivaient trop souvent, elles provenaient de son inconsidération : sa mémoire ne savait pas retenir un conseil.

Un jour, en particulier, il donna un exemple de la docilité qui l'animait. Son frère aîné venait de recevoir l'onction sacerdotale et rentrait à Vieillevigne. Les parents du jeune prêtre, comprenant l'incomparable dignité dont ils voyaient leur fils revêtu, voulurent qu'une de ses premières benédictions fût pour leur famille. En un instant, le père, la mère, la sœur furent à genoux. Seul Jean-Baptiste se tenait debout, riant du coin de l'œil, à la vue d'une scène dont il ne comprenait pas toute la portée. Il semblait se dire : « Comme c'est humiliant de se mettre ainsi à genoux aux pieds de monsieur mon grand frère ! » A un signe énergique du père, l'enfant n'hésita plus et s'exécuta de bonne grâce.

Dans une autre circonstance, il demanda son pardon d'une façon charmante. A la suite d'espiègleries plus graves encore que de coutume, il avait reçu de son frère une sérieuse réprimande. Et même, s'il faut tout dire, le ton avait été légèrement courroucé. Quel ne fut pas l'étonnement du jeune prêtre, quand il vit Jean-Baptiste tomber à genoux et lui demander sa bénédiction ! Un tel mouvement désarme : il est l'indice d'un bon cœur, prêt à expier franchement les fautes que la légèreté du jeune âge n'a pas su éviter.

Jean-Baptiste venait d'atteindre sa onzième année. Il manifesta le désir de faire ses études secondaires. A cette nouvelle, une joie intime remplit le cœur de ses parents. Un vague espoir leur montrait leur lutin d'autrefois transformé sous l'action de la grâce et de la discipline, et marchant sur les traces de son frère aîné. Au mois d'octobre de l'année 1869, il entrait au petit séminaire de Guérande. Fondé dans l'ancienne maison de campagne des évêques de Nantes, cet établissement jouissait, depuis longtemps, d'une réputation justement méritée. Tout ce que l'ancien clergé nantais comptait de distingué par la science et par la vertu avait passé dans ses murs. Une direction paternelle, la plus franche cordialité entre les maîtres et les élèves, de fortes études lui attiraient la confiance des familles et lui conservent l'attachement le plus sincère de la part de tous ceux qui lui doivent leur éducation.

L'élève fut bientôt à l'aise dans sa situation nouvelle. Esprit vif, ouvert, il conquit bien vite l'affection de ses condisciples et il sut saisir tout ce qui était de nature à ne pas le compromettre dans l'esprit de ses maîtres. Mais, hélas! il avait emporté avec lui ses tendances à la légèreté et à la paresse! Pendant les huit années qu'il passa au petit séminaire de Guérande, il supporta l'étude, il ne l'aima guère. Lui que nous verrons plus tard si laborieux ne travaillait qu'à contre-cœur.

Ses condisciples nous ont conservé quelques épisodes de sa vie d'écolier. Nous aimons à les rapporter ici, malgré leur naïveté : ils feront mieux ressortir l'action de Dieu et l'énergie que dut déployer le P. Jean-Baptiste pour dompter sa nature, la transformer et l'élever à cette perfection dont il nous offrira le modèle dans la vie du cloître.

Un jour il fut invité à réciter une leçon d'histoire, qu'il ne savait pas. Il faisait chaud et le professeur semblait sommeiller. Jean-Baptiste s'y trompa. D'un doigt agile il entr'ouvrit son livre et lut plusieurs pages avec un imperturbable sang-froid. Mais le professeur ne dormait que d'un œil. Tout à coup une voix se fit entendre : « Mon ami, vous avez lu votre leçon, vous me la copierez ! — Oh ! je vous assure, monsieur, que vous avez rêvé, » s'écria Jean-Baptiste. Vaine affirmation : la sanction fut maintenue.

Sa paresse était d'ailleurs servie par une habileté merveilleuse à dissimuler, à excuser ses écarts. La faute avait toujours pour cause un ensemble de circonstances indépendantes de sa volonté ; elle était due à l'influence de la température, à une indisposition souvent imaginaire ou presque toujours exagérée.

Voici qui est tout à fait espiègle. Jean-Baptiste avait pour voisin d'étude un condisciple laborieux, mais un peu naïf, « un saint homme », comme dit la gent écolière. Le « saint homme » était petit ; la table était haute. Aussi quand il devait consulter son dictionnaire, trouvait-il plus commode de se tenir debout. Parfois les recherches étaient longues. Jean-Baptiste, prenait une plume, en brisait les deux pointes, et les enfonçait dans le banc à la place de son voisin. Quand le malheureux venait à s'asseoir, on devine sa mésaventure. Dans ces circonstances, c'est toujours le coupable qui paraît le plus innocent, le plus disposé à plaindre la victime; nul ne savait mieux que Jean-Baptiste prendre cet air candide, cette attitude charitable qui déjouent les soupçons du patient.

Peu sensible à l'harmonie des phrases, aux récits de l'histoire, aux problèmes des mathématiques, il tourna ses goûts d'un autre côté. Doué d'une belle voix, il aima la musique et la cultiva presque avec passion. Le temps,qui lui manquait pour tout le reste,ne lui faisait jamais défaut dès qu'il s'agissait de son art favori. Il passait de longues heures à transcrire motets et chansonnettes.

L'attrait qui l'emportait vers la musique le rendait ingénieux. — En rhétorique, il imita, sur son atlas, un clavier, à l'aide de touches blanches et noires. Il plaçait devant lui cet instrument muet : au-dessus s'élevait le morceau de musique que l'artiste devait exécuter. « Cela nous amusait fort, raconte un de ses condisciples, de le voir ainsi sérieusement occupé à jouer des airs qu'il n'entendait pas plus que nous. »

« Toujours par amour de la musique, continue son ami, il avait inventé un instrument peu bruyant, à l'aide de huit à dix plumes, assujetties à la table. Après une heure de tâtonnements, les plumes étaient réglées : chacune d'elles donnait sa note et permettait de monter une gamme assez juste. Il se payait alors le luxe d'un petit concert mystérieux, dont ses plus proches voisins pouvaient jouir à leur aise et sans payer. »

Au milieu de cette légèreté et de cette paresse, l'âme du jeune homme était loin de goûter le calme et la paix. Sa conscience lui faisait entendre d'amers reproches ; il sentait en lui des élans qui l'emportaient vers une vie plus chrétienne et plus régulière. Il se mettait à l'œuvre pendant quelques jours et retombait bientôt dans la mobilité de sa conduite habituelle. C'était bien l'enfant léger, incapable d'efforts persévérants et dont la vertu, comme l'a dit Monseigneur Dupanloup, « ne va que par saillies et saccades ». Mécontent de lui-même, il entrait souvent dans une profonde mélancolie, dans une sombre tristesse, qui faisaient craindre pour sa santé. Ces impressions ne surprendront pas ceux qui ont vécu avec les jeunes gens. L'élève fidèle à son devoir trouve aussitôt dans la paix de sa conscience la récompense de ses efforts. Il sait que Dieu est content de lui, que ses maîtres l'estiment, que sa famille applaudit à sa régularité : de là cette égalité d'âme, cette candeur et cette joie qui rayonnent sur son front. Le jeune homme léger et paresseux se sent à charge à lui-même et aux autres. Quand il vient à se rendre compte de la frivolité de sa vie, quand il interroge l'avenir, la tristesse le saisit et l'accable. Si surtout, comme il n'est pas rare de le rencontrer, à côté de ses défauts, il y a en lui un riche fond de qualités précieuses, il souffre et même il souffre beaucoup. Il n'y a qu'un esprit dépourvu de ressources ou abruti par les passions qui reste indifférent en face de son état : Jean-Baptiste était loin d'être de ce nombre. Il importe même de dire à sa louange que toujours il manifesta une aversion profonde pour les rêveries, les lectures, les conversations où l'imagination perd sa fraîcheur et le cœur sa pureté. Son âme gémissait, en secret, des écarts et des faiblesses qui revenaient sans cesse, et ses souffrances morales se traduisaient par cet extérieur morne et triste que ses condisciples et ses maîtres eurent tant de fois l'occasion de remarquer.

Malgré ces défaillances si nombreuses, il était facile de constater les heureux effets que produisait en lui l'atmosphère de Guérande. Dès les premiers jours des vacances qu'il passa dans sa famille, il se montra plus calme, plus réservé, il s'abstint de fréquenter ses compagnies d'autrefois, et manifesta les sentiments d'une piété franche et sincère. Vieillevigne avait alors pour curé un vénérable ecclésiastique, formé lui-même par un prêtre échappé à la Révolution et qui avait puissamment contribué à la restauration du clergé nantais. Ce bon vieillard aimait les enfants ; il entourait surtout d'une affection toute paternelle les jeunes élèves dans lesquels il soupçonnait une vocation ecclésiastique. « Tout prêtre, disait-il, doit travailler à se préparer des successeurs. » Aussi consacrait-il ses soins les plus dévoués aux séminaristes de sa paroisse. Il leur recommandait de considérer le presbytère comme leur propre maison, il les réunissait autour de lui, se mêlait à leurs ébats et trouvait toujours l'occasion de leur glisser un utile conseil. Avec une perspicacité digne de son profond bon sens, il savait discerner, dans le jeu lui-même, le caractère et les aptitudes de ses enfants. C'est ce que l'un d'eux, formé à cette école, a spirituellement caractérisé en disant : « Quiconque n'est pas capable d'apprendre, en quelques jours, à jouer au *Picolo* est incapable de faire ses études. » Le voyageur qui visite, à l'époque des vacances, le presbytère de Vieillevigne, rencontre un groupe d'enfants et de jeunes gens qui continuent les traditions du passé. Le bon vieillard est toujours là, avec son aimable sourire, fier de la légion de prêtres qu'il a vue se former à ses côtés, et saluant avec bonheur la nouvelle génération qui se prépare.

Jean-Baptiste était un des hôtes les plus fidèles du presbytère : à la tête de tous les jeux, il les animait par son entrain, sa gaieté, ses spirituelles saillies. S'il lui arrivait un jour de manquer au rendez-vous, on s'apercevait bien vite de son absence : la partie languissait, et les joueurs se séparaient plus vite que de coutume.

Pendant que Jean-Baptiste charmait par son joyeux caractère les réunions du presbytère de Vieillevigne, une âme épiait, avec une sollicitude de tous les instants, les transformations qui s'opéraient dans le jeune séminariste. C'était Marie, cette sœur si dévouée et qui devait devenir plus tard l'intime confidente du trappiste de Melleray. Bien des fois elle avait demandé à Dieu, pour son frère, la grâce d'une vocation religieuse, et un sentiment intime lui disait qu'elle serait exaucée. Un jour, elle voulut devancer le temps et animer le tableau dont ses rêves lui avaient tant de fois retracé l'esquisse. C'était pendant les vacances de 1876. Elle parvint à revêtir Jean-Baptiste d'une soutane appartenant au frère aîné. Le jeune homme arrêta sur sa sœur un long regard de tristesse, les larmes coulèrent de ses yeux, puis tout à coup il s'écria avec un accent énergique : « Non, jamais je ne serai digne de porter un si saint habit ! » Il y avait, dans ce mot, toute une révélation. Il était la traduction fidèle des dispositions de cette âme sincèrement chrétienne, mais trop faible pour embrasser franchement la pratique des vertus que réclame la vie sacerdotale. Il laissait percer en même temps un sentiment d'amertume qui n'échappa pas à l'attention de Marie. Loin de perdre confiance et de s'attrister, elle sentit s'accroître ses espérances.

Quelques semaines plus tard, une ère nouvelle s'ouvrait pour Jean-Baptiste. Il avait terminé sa rhétorique au petit séminaire de Guérande et il allait suivre, à Nantes, un cours de philosophie. Sans doute son caractère a toujours cette teinte de légèreté qui l'empêche de profiter, dans une mesure complète, de l'enseignement de ses maîtres. Pourtant un travail profond s'opère dans son âme. Souvent on le voit replié sur lui-même, attentif à recueillir les échos d'une voix qui retentit au fond de sa conscience. Un combat se livrait en lui, et il devait être rude à soutenir. « Le soir, raconte un de ses amis, à travers la cloison qui nous séparait, je l'entendais se plaindre et prolonger assez tard ses prières dans la nuit. »

Le moment le plus grave, dans la vie d'un jeune homme, est celui où il se trouve placé en face de la terrible question de son avenir. Monseigneur Malou, évêque de Bruges, a peint dans une page émouvante les luttes dont son cœur devient alors le théâtre : « Quand les jeunes gens, dit-il, commencent à fixer sur l'avenir un regard sérieux, mille considérations diverses, parfois contradictoires, s'emparent successivement de leur esprit et les précipitent dans les plus grandes perplexités. Tantôt l'avenir leur apparaît radieux, clair, brillant ; tantôt incertain, sombre, menaçant. D'une part, le monde étale ses richesses, ses grandeurs, ses plaisirs ; de l'autre, Jésus-Christ, notre divin Sauveur, armé de sa croix et de son Évangile, se présente et il semble dire : « Si vous voulez être heureux, suivez-moi ! » Le vice se montre, d'un côté, entouré de prestiges et de séduction ; la vertu, de l'autre, apparaît, avec sa ravissante simplicité, sa céleste douceur et ses récompenses immortelles. Tantôt l'esprit n'aperçoit que de faibles lueurs, tantôt il ne rencontre qu'obscurité et ténèbres; tantôt ses yeux sont frappés des lumières les plus vives : l'âme se débat dans de pénibles alternatives de crainte et d'espérance, de tristesse et de joie. Les affections terrestres se heurtent au fond du cœur avec les attraits divins et ces divers mouvements ne semblent conduire qu'au doute, qu'à l'incertitude. Cette position est pénible, il faut en convenir, elle paraîtrait insupportable si elle se prolongeait longtemps. Mais un jeune homme chrétien en sort sans peine, du moment qu'il élève ses pensées et ses mains vers le ciel, pour invoquer le Père des lumières; du moment qu'il demande conseil à sa mère l'Église, et qu'il s'abandonne aux décrets souverains de la Providence. Dieu lui procure alors, comme autrefois à saint Paul, un Ananie qui l'éclaire, qui le guide, qui le conduit par des voies faciles à une détermination définitive, d'où naît cette conviction, ce calme qui fait ensuite tout son bonheur. »

Jean-Baptiste connut toutes ces perplexités, toutes ces angoisses. Mais, cette fois, il étudia avec tout le sérieux qu'elle méritait l'affaire si importante de sa vocation. Il pria beaucoup ; il livra son âme sans arrière-pensée et parfois avec une simplicité, une naïveté qui amenaient le sourire sur les lèvres de son directeur. Cependant la lumière ne se faisait pas encore. Mais le moment allait bientôt venir où Dieu, en récompense de ses prières et de sa franchise, lui ferait rencontrer cet Ananie qui devait lui ouvrir les yeux et fixer son choix sans retour.

CHAPITRE II

LA VOIX DE DIEU

> « La jeunesse plus qu'aucun autre est sensible à la voix de Dieu; comme sur une frontière où tout se rencontre, les passions y touchent aux vertus. »
>
> (LACORDAIRE.)

LES vacances de 1877 avaient réuni de nouveau la famille de Jean-Baptiste. Le frère aîné venait de rentrer à Vieillevigne. Chaque été, son retour était une fête pendant laquelle la maison paternelle et le presbytère prenaient, en son honneur, un air de gaieté plus parfaite. Les parents étaient si bons, si tendrement aimés! le pasteur et ses vicaires, si sympathiques et si ouverts !

Cette année, un embarras marqué se lisait sur tous les visages, une même question se présentait sur toutes les lèvres : « Que va devenir le séminariste de Nantes ? »

De son côté, le jeune homme ne dissimulait pas ses préoccupations ; il parlait peu, cherchait la solitude, passait de longues heures dans sa chambre, évitait surtout la rencontre de son frère aîné. Un matin cependant, ils se trouvèrent en tête-à-tête.

— Qu'as-tu donc, mon pauvre ami, dit l'abbé, pourquoi es-tu si soucieux ?

Tel fut l'exorde ex abrupto d'un entretien désiré depuis longtemps.

A cette brusque interpellation, l'étudiant baissa la tête, son cœur se gonfla, ses yeux se remplirent de larmes, et d'une voix que l'émotion rendait tremblante et bien peu en harmonie avec les paroles qu'elle prononçait, il répondit :

— Je veux être soldat !

— Soldat ! reprit l'abbé. Quel attrait te pousse donc vers le métier des armes ? Je ne t'avais jamais cru si belliqueux !

— Je suis Breton, et si Dieu me vient en aide,

tu auras un jour pour frère un officier, qui ne fera pas précisément le déshonneur de Vieillevigne !

Malgré l'air d'assurance que Jean-Baptiste essayait de communiquer à sa personne et à son langage, il était facile de remarquer toutes les hésitations, toutes les luttes qui remplissaient son âme. L'abbé comprit que c'était le moment de donner à son frère un de ces conseils qui influent sur toute une existence, il saisit avec bonheur l'occasion favorable.

— Allons, reprit-il, puisque tu n'es pas mieux instruit de tes dispositions intimes, laisse-moi t'exposer à toi-même ton histoire :

Tu as commencé tes études avec le désir de te consacrer au service de Dieu. L'attrait de la vie sacerdotale n'a pas disparu de ton âme; mais tu te sens faible, léger, sans énergie pour accepter les sacrifices et les devoirs qui découleraient de ta vocation. L'état militaire s'est montré à ton imagination comme une carrière dans laquelle, tout en menant une vie de dévouement, tu rencontreras plus de liberté que dans le sacerdoce. N'as-tu pas même rêvé une situation qui te permettrait d'endormir ta conscience et de jouir de ta jeunesse, sans avoir à craindre aucun contrôle, aucun reproche ?

A ce mot, Jean-Baptiste releva la tête, il essaya de donner à sa contenance un maintien de plus en plus viril.

— Je suis bien sûr, dit-il, de rester fidèle à mes devoirs de chrétien, dans l'état militaire. On peut se sauver partout. Ce ne seront ni les influences, ni les railleries qui me feront abjurer les convictions que j'ai puisées dans une éducation chrétienne.

— Oui, sans doute, répondit le frère aîné, on peut se sauver partout ! Mais, es-tu aussi fort, aussi ferme que tu le supposes ? Songe donc à ta vie de Guérande, aux défaillances si nombreuses que tu as dû déplorer, même pendant ton séjour au séminaire de Nantes ! Que deviendras-tu, quand tu seras au sein d'une caserne, quand le mauvais exemple t'environnera de toutes parts ? Tiens, mon pauvre ami, écoute le conseil que m'inspire mon affection fraternelle : Tu n'as pas encore assez étudié les desseins de Dieu à ton égard. Il te reste plusieurs semaines avant la fin des vacances : va passer quelques jours à l'abbaye de Melleray. Là, tu réfléchiras encore, tu consulteras, et, loin de toute influence dangereuse, tu pourras prendre une décision conforme à la volonté de Dieu et à tes meilleurs intérêts.

Ces paroles furent pour Jean-Baptiste un trait de lumière.

— Tu as raison, s'écria-t-il avec énergie. Oui, j'ai besoin de réfléchir encore ! Si je suis léger par caractère, je ne veux pourtant pas jouer avec mon avenir. Eh bien ! j'irai à Melleray ! Prie pour moi et ne parlons plus de cette affaire : je sens qu'en l'étudiant sans relâche, je perds toutes les joies que j'avais coutume de goûter en vacances.

Les deux frères se séparèrent, heureux d'un entretien qui allait faire disparaître l'embarras et la gêne du sein de la famille.

La sérénité ne tarda pas à reparaître sur le front du jeune homme. Il se trouvait à l'aise, à la pensée qu'il n'avait plus à se préoccuper d'un problème dont la solution lui serait donnée plus tard ; il se reposait dans l'espérance de rencontrer, à Melleray, un guide prudent et sûr qui, par ses conseils, le mettrait dans la voie où Dieu l'appelait. Son naturel enjoué reprit le dessus : il retrouva tout l'entrain qu'il savait apporter autrefois aux réunions du presbytère de Vieillevigne.

Il ne perdait pas cependant de vue la promesse qu'il avait faite à son frère. Peu de temps après l'entretien auquel nous avons assisté, il sollicitait de ses parents l'autorisation d'aller à Melleray, réfléchir, pendant quelques jours, sur sa vocation. Le père et la mère étaient trop soucieux des intérêts spirituels de leurs enfants pour repousser une requête dont ils ne pénétraient pas d'ailleurs les dernières conséquences :

« Va, lui dirent-ils, que le bon Dieu t'accompagne et fixe enfin tes incertitudes ! »

Le 13 juillet 1877, Jean-Baptiste quitta Vieillevigne pour ne jamais y revenir. Sans doute il ignorait qu'il disait un éternel adieu à ces lieux, témoins de ses jeux et de ses espiègleries. Pourtant, lorsqu'il jetait un regard autour de lui sur tant d'objets qui captivaient son affection, il sentait son cœur se serrer.

Il s'agissait pour le voyageur de se rendre tout d'abord à Nort, petite ville coquettement assise sur les bords de l'Erdre ; de là, au village de la Meilleraye, qui porte presque le nom du monastère. La première étape devait se faire en bateau sur les eaux de l'Erdre ; la seconde comprenait un trajet de cinq lieues à franchir en diligence. C'est une agréable promenade pour ceux que la curiosité seule met en marche ou pour les visiteurs qui ne se proposent pas de rester au delà de quelques heures au couvent. Il y a surtout un charme particulier dans cette navigation tranquille sur une rivière qu'aucun souffle ne vient rider, tandis que ses bords, plantés d'arbres et couverts de fleurs, présentent à la vue le plus riant aspect.

Jean-Baptiste avait trop présent devant les yeux le but de sa course pour que son âme se laissât prendre tout entière au spectacle de la nature. Sa contenance, à laquelle il essayait bien de donner parfois les allures dégagées d'un touriste, dénotait cependant les préoccupations d'un esprit captivé par de graves intérêts.

Laissant instinctivement de l'autre côté du bateau les passagers qui par leurs joyeux propos troublaient le sérieux de ses pensées, il s'était rapproché d'un ecclésiastique et l'avait salué de son air le plus aimable. Bientôt la conversation s'engagea entre eux. Jean-Baptiste, sans dévoiler complètement le but de son voyage, indique toutefois qu'il se dirige vers la Trappe de Melleray.

— Connaissez-vous, à Nort, dit-il, un hôtel convenable où je puisse passer la nuit ?

— Oui, mon ami, répond le prêtre. Je vous conduirai moi-même chez un hôte avec lequel je suis dans de très bonnes relations. Je ne vous garantis par le luxe de la table et de la chambre à coucher: mais vous serez en sûreté sous son toit. Vous trouverez même un souper capable de satisfaire votre appétit de vingt ans, et un lit confortable pour dormir sur les deux oreilles jusqu'à demain matin.

Bientôt le bateau s'arrête, le débarquement s'opère et les deux voyageurs traversent la rue principale de Nort. Ils s'arrêtent devant une maison qui, par son extérieur modeste et paisible, traduit plutôt le presbytère que l'hôtel ouvert à tous les voyageurs.

— Mon jeune ami, dit en souriant l'ecclésiastique, vous êtes au logis, et votre hôte le curé de Nort, se félicite de vous avoir pour commensal.

Le voyageur comprit toute la délicatesse de son guide; il lui exprima sa reconnaissance avec la franchise de sa nature expansive. Quelle ne fut pas sa surprise, en se trouvent tout à coup en présence de deux professeurs de Guérande, qui, plus d'une fois, avaient eu à réprimer ses espiègleries !

— Messieurs, leur dit le curé de Nort, je vous présente un futur trappiste de Melleray!

Un sourire accueillit cette annonce inattendue. Personne n'eût soupçonné qu'elle exprimait une vérité que devaient bientôt confirmer les événements. Jean-Baptiste sut observer une discrétion et une réserve qui frappèrent l'attention de ses anciens maîtres. Il insinua qu'il s'agissait tout au plus d'une courte retraite où son âme puiserait les moyens de passer saintement les vacances. La soirée s'écoula gaiement et, le lendemain, de grand matin, il disait adieu aux aimables hôtes du presbytère de Nort et prenait la route de Melleray.

En quelques heures il se trouve en face de l'abbaye ; il voit devant lui ces deux lignes de peupliers qui forment l'entrée ; il longe l'étang aux eaux calmes et limpides comme l'âme des religieux qui habitent sur ses bords.

Que de vies saintes se sont écoulées dans cette solitude, depuis le jour où une croix de bois, plantée par des moines de l'Ordre de

VUE GÉNÉRALE DE L'ABBAYE DE MELLERAY

Cîteaux, marqua la place du monastère qu'ils allaient fonder!

C'était au XIIe siècle. Deux religieux envoyés par Foulques, abbé de Pontrond, en Anjou, cherchaient, en Bretagne, un endroit favorable à l'établissement d'une maison de leur ordre. Ils étaient arrivés dans le voisinage de Moisdon, en un endroit appelé Vieux-Melleraye. Les habitants du pays les reçurent avec défiance, leur refusèrent l'hospitalité, et les étrangers durent aller chercher un refuge dans la forêt voisine. Ils s'arrêtèrent à l'ombre d'un vieux chêne dont le tronc était habité par un essaim d'abeilles. Le miel placé là tout exprès par le bon Dieu, refit leurs forces et devint pour eux un signe du Ciel. Ils se mirent en effet à l'œuvre, jetèrent les premières assises d'un couvent, au lieu même où ils s'étaient reposés, où la Providence les avait nourris. En souvenir de la circonstance qui avait fixé leur incertitude, ils l'appelèrent *Mellarium* ou *Mellereium*, rayon de miel.

Il ne reste plus que de rares vestiges des constructions élevées par les premiers habitants de Melleray. Mais leur œuvre n'a fait que s'accroître et se perfectionner. Des bâtiments vastes et habilement distribués abritent une communauté fervente et composée de plus de cent religieux. Des jardins fertiles ; des champs où l'agriculture perfectionnée force un sol ingrat à produire, chaque année, d'abondantes récoltes ; des plantations d'arbres choisis avec goût et cultivés avec les soins les plus attentifs : tout cet ensemble atteste le travail, la patience, l'intelligence des moines et fait oublier qu'on est dans un des plus mauvais cantons de la Loire-Inférieure, appelé parfois la Sibérie de la Bretagne.

La Trappe est une maison essentiellement hospitalière. Ce n'est pas en vain que ces mots sont gravés sur ses murs : « On recevra comme le Christ lui-même l'hôte qui se présentera au monastère; car le Seigneur doit nous dire un jour: J'étais sans abri et vous m'avez reçu (1) . »

« Si vous venez pour la première fois au

(1) *Règle* de saint Benoît.

monastère, on vous fait la réception d'usage, cérémonie extrêmement touchante, dont le souvenir restera longtemps au fond de votre cœur. Deux religieux se présentent, vêtus de longues robes blanches, et vous rappellent les ascétiques figures peintes par Lesueur. Arrivés près de vous, ils se prosternent de tout leur corps et restent ainsi quelques instants étendus à vos pieds, immobiles, le front sur la pierre. Quel spectacle! Deux religieux, deux saints peut-être, s'humiliant ainsi devant des hommes du monde, des pécheurs! Quelle leçon pour l'orgueil! Qui ne s'adresserait alors un secret reproche et ne serait tenté de les relever pour se mettre à leur place ?

« Ils vous invitent du geste à les suivre, et vous conduisent à l'église, afin que vos premières pensées soient pour Dieu. De retour à l'hôtellerie, l'un d'eux lit un chapitre de l'*Imitation*, cet admirable manuel de ceux qui veulent être parfaits, et cette lecture, messieurs les visiteurs en ont eux-mêmes fait la remarque mille fois, a toujours pour eux un à-propos particulier (1). »

Lorsqu'un jeune étudiant se présente, il est introduit dans le monastère avec moins de solennité : les bons religieux se contentent de l'accueillir avec cette bienveillance, ce sourire affectueux dont ils ont le secret.

Jean-Baptiste vient de sonner à la porte du couvent. Le frère portier le reçoit, et le conduit au Père hôtelier.

— Que désirez-vous, mon enfant, lui dit le Père ?

— Je voudrais faire une retraite, répondit Jean-Baptiste, et, dans le silence du cloître, étudier ma vocation.

— Excellente idée ! Venez avec moi, je vais vous conduire à la chapelle : il est juste de saluer avant tout le Maître de la maison. Ne vous effrayez pas des avis austères qui vont tomber sous vos yeux ; vous prendrez tout votre temps

(1) Félix Benoist, *Notice sur l'Abbaye de Notre-Dame de la Trappe de Melleray.*

pour les lire avec soin : ils peuvent produire sur vous le meilleur effet.

Le Père hôtelier et le nouveau venu s'engagèrent dans de longs corridors. Presque à chaque pas, Jean-Baptiste apercevait sur les murs des sentences bien propres à élever son âme, à la faire rêver à l'éternité !

Tous les plaisirs de la terre ne valent pas une heure de pénitence.

Celui qui n'a pas le temps de penser à l'éternité aura le temps de se repentir.

(SAINT GRÉGOIRE.)

A qui Dieu est tout, le monde entier n'est rien.

Les engagements du monde charment, mais il faut penser à la fin.

La croix est une folie pour les gens du monde ; c'est un trésor pour les religieux.

Mon fils, regardez le ciel !

Ici se dresse la statue du R. P. Antoine, premier abbé de Melleray, après la Révolution. Il est difficile d'exprimer l'impression qui s'empare de l'âme à la vue de ce religieux, drapé dans ses longs habits de trappiste; c'est le silence, la réflexion, le mépris de la vie, personnifiés sous les traits les plus saisissants!

Plus loin, une Vierge sourit aux pécheurs que la pénitence conduit dans la retraite, et leur adresse cette maternelle invitation :

Pauvres pécheurs, prenez courage
Hâtez-vous de lever les yeux .
Et contemplez la douce image
De Marie, Reine des Cieux.

Enfin, à l'entrée de la chapelle, on voit un christ avec cette inscription en vers si connus, mais toujours si expressifs :

Vive Jésus, vive sa Croix!
Oh! qu'il est bien juste qu'on l'aime!
Puisqu'en expirant sur ce bois,
Il nous aima plus que lui-même.

Jean-Baptiste poursuivait son chemin, le cœur profondément ému : il entendait résonner au plus intime de lui-même, comme si elles eussent été prononcées par une voix mystérieuse, ces solennelles sentences que parcouraient ses regards.

Une inscription plus longue que les autres frappe son attention, il s'arrête et lit :

« Avis a messieurs les étrangers :

« Qui que vous soyez, qui venez ici, jeunes ou vieux, prêtres ou laïques, soyez persuadés que ce n'est pas sans dessein que Dieu a dirigé vos pas vers cette solitude.

« Le motif qui vous a conduit, ne serait-il pas très pur à ses yeux, sera purifié par ce bon Maître, si, comme bien d'autres, votre âme est prête à l'écouter. Ainsi, passez ces quelques jours ou ces quelques heures que vous avez l'intention de rester dans cette retraite, à dire au Seigneur, avec une vraie effusion de cœur : « Parlez, mon Dieu, votre serviteur écoute : « *Loquere, Domine, quia audit servus tuus.* » Espérez alors que la vérité ne vous sera pas cachée, que l'illusion dans laquelle vous êtes peut-être depuis plusieurs années sera détruite, que vous serez plus stable dans votre vocation, enfin que vous connaîtrez mieux les desseins de Dieu sur vous. Sachez, ô nos très chers frères en Jésus-Christ, que vous répondrez un jour de la grâce qui, en ce moment, vous est procurée. La vue des religieux, le chant des saints cantiques, l'ensemble de toute cette vie de régularité doivent vous porter à Dieu; car une communauté religieuse est son ouvrage, œuvre que vous ne devez pas considérer avec peu d'attention. Vous devriez même ambitionner le sort de ceux qui en sont les membres : ce serait une noble et bien belle ambition. Mais, au moins, afin que vous tiriez quelque fruit de nos silencieuses instructions, retenez quelques sentences de notre solitude.

« Oh ! je veux me sauver! »

Ce fut sous l'impression de cette dernière pensée que Jean-Baptiste franchit le seuil de la chapelle.

Des fenêtres hautes et étroites éclairent l'intérieur de l'édifice, et laissent pénétrer un demi-jour plus favorable que la pleine lumière au silence et à la méditation.

De chaque côté de la nef, s'allongent deux files de stalles : c'est là que les religieux passent de six à sept heures, et même davantage les dimanches et les jours de fêtes, occupés à chanter les cantiques sacrés.

Les yeux, en se dirigeant du côté du sanctuaire, s'arrêtent instinctivement sur un grand tableau qui représente le Christ mourant sur la croix. Le corps de la victime tout meurtri, tout couvert de blessures sanglantes, tout palpitant sous les étreintes de la douleur, apparaît comme une éclatante manifestation de la justice divine armée contre le péché. Par un contraste heureusement conçu, au point de séparation entre le chœur des religieux et de la partie réservée aux fidèles, le regard se repose sur une Vierge d'une éclatante beauté. Elle tient son Fils dans ses bras, et elle l'offre à l'adoration de tous ceux qui viennent à ses pieds. De ses lèvres entr'ouvertes semblent s'échapper ces paroles gravées sur la pierre :

« Il demande votre cœur! »

Il n'appartient qu'à la foi catholique d'unir ainsi les abîmes, d'ouvrir aux âmes l'espace immense qui s'étend des profondeurs de la pénitence aux sommets les plus élevés de l'expiation et de l'amour.

Saisi par tous ces objets qui captivaient ses sens et son cœur, Jean-Baptiste s'était prosterné : son âme s'épanchait dans une ardente prière. Il demandait à Dieu de lui envoyer cette lumière qui éclaire les aspirations les plus secrètes de l'homme, cette vertu qui élève et transforme les forces de la vie naturelle.

Le Père hôtelier l'arracha tout à coup à ses méditations. Onze heures et demie venaient de sonner : c'est l'heure où les Trappistes prennent pendant les exercices d'été, leur principal repas. Sur sa demande, le jeune homme fut admis à partager avec les religieux leur modeste nourriture. Une soupe aux légumes cuits simplement à l'eau et au sel, un plat de riz, quelques fruits pour dessert ; tel est le dîner frugal des enfants de saint Benoît : Jean-Baptiste, dont le voyage

RÉFECTOIRE

avait aiguisé l'appétit, trouva l'ordinaire excellent.

Dans l'après-midi, sous la conduite d'un religieux auquel le R. P. Abbé l'avait confié, le jeune homme visita les principales parties du monastère.

Il vit d'abord la salle du chapitre. C'est là que se fait l'explication de la règle, que se donnent les instructions aux principales fêtes de l'année. C'est là aussi que chaque religieux doit s'accuser, devant la communauté, des fautes extérieures qu'il a pu commettre contre la règle, ou entendre ses frères l'accuser des infractions du même genre qui ont échappé à son attention ou qu'il a oubliées. Admirable pratique qui permet au trappiste d'acquérir une vraie connaissance de lui-même, « dans les avis sévères d'une amitié qui ne trompe pas, qui lui révèle sa faiblesse, soutient sa vigilance, assure ses progrès dans la vertu. »

Il parcourut le dortoir des moines, et une exclamation de surprise s'échappa de ses lèvres, quand son guide lui montra ce que les religieux appellent leur lit. Ce lit, en effet, est d'une simplicité plus que primitive. Il se compose de quelques planches recouvertes d'une paillasse piquée, d'un traversin rempli de paille battue, d'une ou de plusieurs couvertures de laine, selon la saison. Les trappistes s'étendent tout habillés sur cette couche austère. Dès que le premier son de Matines a retenti, ils la quittent à minuit et demi les jours de fêtes solennelles ; à une heure les dimanches ordinaires ; à deux heures tous les jours.

Voici les ateliers : Jean-Baptiste ne sait ce qu'il doit admirer le plus du labeur consciencieux, intelligent, ou du complet silence qui règne au milieu des travailleurs. Il y a des ouvriers de tout genre : sculpteurs, horlogers, forgerons, menuisiers, cordonniers... Chacun va où l'envoie l'obéissance et s'acquitte de sa tâche sous l'œil du Christ. Partout Pères et Frères sont là, confondus dans l'humilité : les Pères, leur longue robe blanche relevée de chaque côté, le scapulaire noir sur la poitrine, une ceinture de cuir autour du corps, le capuce sur le front; les Frères, vêtus d'étoffe brune, la tête complètement rasée; les novices de chœur avec leur ceinture de laine, leur scapulaire et leur capuce blancs.

Parmi les religieux employés aux plus bas offices, on trouve souvent des hommes distingués qui ont tenu à rester au dernier rang : des mains fines manient la scie ou la bêche, et le cœur est au ciel, pendant que le travail et la fatigue courbent le corps.

Les heures passèrent vite : Jean-Baptiste, continuait son intéressante visite et remarquait l'activité et le bel ordre qu'on retrouve dans toutes les parties du monastère, à la buanderie, à la laiterie, aux moulins et à la filature...

Il était sept heures du soir : le soleil allait disparaître à l'horizon.

La cloche du monastère appela les religieux à la lecture qui précède la récitation des Complies et le chant du *Salve, Regina*. Jean-Baptiste se rendit dans la tribune de la chapelle, où sont admis les étrangers. Bientôt il vit arriver les frères convers, qui venaient joindre leurs voix à celle des Pères pour chanter leur auguste Reine.

C'est un des instants les plus solennels dans la journée du trappiste.

Le *Salve, Regina* de la Trappe a laissé bien peu de cœurs indifférents ; il a fait couler bien des larmes, ranimé la confiance en Marie dans bien des âmes, excité la verve de toutes les imaginations sensibles aux grandes scènes de la vie monastique. Il a inspiré à l'auteur des *Lettres Vendéennes* cette belle page qu'on relit toujours avec un nouvel intérêt :

« A la lueur de la lampe qui brûle sans cesse devant le saint Sacrement et de deux cierges de cire jaune allumés sur l'autel, je vis, dit-il, plus de deux cents religieux debout, sur deux longues files s'étendant du fond du chœur jusqu'aux marches du sanctuaire ; immobiles et silencieux ils priaient : le Père Abbé donne le signal ; alors, au même instant tous tombent prosternés ; leurs voix s'élèvent comme un seul cri vers le ciel :

ces voix consacrées au silence, et qui ne se font entendre qu'au pied de l'autel ont une puissance qui étonne et pénètre jusqu'au fond de l'âme. Le musicien ne trouvera point l'art dans ce chant simple et tout à l'unisson ; mais le chrétien y reconnaîtra le cri des enfants d'Ève, exilés et gémissants dans cette vallée de larmes : *Exules filii Evæ, gementes et flentes in hac lacrymarum valle.* Ces éclats qui montent vers le ciel et qui semblent ébranler les voûtes de l'église, ces pauses, ces silences où l'on n'entend plus que le bruit que font les robes des religieux, quand ils se prosternent et se relèvent, ces nouveaux gémissements qui succèdent au silence et qui sont adressés à la Vierge de douceur, de piété et de clémence, *O clemens ! O pia ! O dulcis virgo Maria !* Tout cela produit un effet qui agit fortement sur l'âme que le monde n'a point encore desséchée. Je plains du fond du cœur celui qui resterait froid en entendant cette prière : je n'en voudrais pas pour ami. »

Quelques modifications introduites par la cour

de Rome dans le cérémonial que suivaient les Trappistes, à l'époque de la visite du vicomte de Walsh, n'ont fait qu'ajouter un caractère de gravité de plus au chant si poétique du *Salve, Regina*.

Toutes les voix étaient rentrées dans le silence, et Jean-Baptiste écoutait encore. Son cœur battait avec violence. Il lui semblait, comme il l'avouait plus tard, « qu'il avait été transporté soudain de la terre dans un autre monde, où les habitants avaient une stature, un langage, des accents qu'on ne rencontre nulle part ici-bas. » Il se mit sous la protection de Celle qu'il venait d'invoquer d'une façon si suppliante et il alla se livrer au repos.

Le lendemain il se mettait en relation avec le religieux qu'on lui avait assigné pour diriger sa retraite. C'était le R. P. Laurent, confesseur des étrangers. Jadis missionnaire en Chine, cet homme de Dieu avait été ramené en France par le mauvais état de sa santé. Comprenant qu'il ne pouvait plus travailler à conquérir des âmes dans les contrées lointaines, il avait voulu continuer, par la prière et la mortification, ce que ne pouvaient plus opérer ses prédications : il s'était fait trappiste.

Jean-Baptiste trouva en lui un guide éclairé, qui saisit bien vite tous les côtés faibles, mais aussi toutes les forces vives de sa nature. Le confesseur et le pénitent se rencontrèrent souvent ils prièrent avec ferveur l'un pour l'autre, et le troisième jour de la retraite, le P. Laurent dit à Jean-Baptiste :

— Mon fils, je ne crois pas qu'il soit possible d'avoir un doute sur les desseins de Dieu à votre égard. Vous me semblez appelé à vivre et à mourir à la Trappe. Demandez qu'on veuille bien vous recevoir au nombre des postulants.

Le jeune homme n'hésite pas un seul instant. Convaincu que le bonheur véritable de sa vie est là où Dieu l'appelle, il va se jeter aux pieds du R. P. Abbé.

— Je ne m'attendais pas, lui dit-il, en entrant ici, à la décision qu'on vient de me donner; il paraît que je dois me faire trappiste! Mon Père, pouvez-vous m'admettre parmi vos enfants?

— Il est toujours bon, mon fils, répondit le Père Abbé, d'écouter la voix de Dieu! Oui, restez avec nous et puisse le Seigneur bénir et confirmer vos pieux desseins!

Ce soir-là, Melleray comptait un habitant de plus.

CHAPITRE III

LE NOVICIAT

> Vous voguez solitaire,
> Allant où va le flot, sans jamais perdre terre,
> Calme, vivant de peu,
> Ayant dans votre esquif, qui des nôtres s'isole,
> Deux choses seulement, la voile et la boussole,
> Votre âme et votre Dieu !
>
> (V. HUGO.)

A peine Jean-Baptiste eut-il pris la résolution énergique de quitter le monde et de se donner tout à Dieu, que le calme le plus parfait entra dans son âme.

Toutes les illusions qui l'avaient bouleversé, tous les attraits qui paraissaient l'entraîner jadis vers la vie militaire s'étaient évanouis comme par enchantement Il voyait, dans une pleine lumière, qu'il était bien dans la vocation où Dieu l'appelait, et cette pensée répandait sur sa conscience et sur son cœur un charme infini.

Sans doute, ce n'était pas la perspective d'un avenir éclatant aux yeux du monde qui était venue imprimer à sa vie une direction si nouvelle. Il ne s'agissait plus pour lui de se distinguer par la bravoure, de conquérir dans l'armée un grade élevé, de devenir le brillant officier que son imagination lui avait montré dans le lointain. A la Trappe, toutes ces distinctions, tous ces honneurs, pour lesquels tant d'hommes s'entr'égorgent ici-bas, sont complètement inconnus.

« Là, comme l'a dit un spirituel écrivain, quand un candidat se présente, on le fait entrer dans la douane du noviciat, et l'on a soin de l'y mettre nu comme la main, afin qu'il n'éblouisse personne par ces brillants dehors qui, dans le siècle, servent à classer notre espèce en grands et en petits.

« S'il sort du pays de la richesse, on lui dira : Monsieur le financier, disposez de vos écus en faveur de vos parents et des pauvres; car, quand encore le diable n'aurait pas réussi à glisser dans vos comptes des erreurs de calcul, vos richesses nous ôteraient notre plus beau trésor, l'amour de la pauvreté. Si dans la distribution de vos aumônes, vous voulez comprendre notre communauté, qui, en effet, est pauvre, faites que Dieu s'en souvienne, car, pour nous, nous n'y donnerons aucune attention. Sachez-le bien, les choses sont ici autrement que dans le monde. Supposé, par exemple, que vous comptiez aujourd'hui à notre économe vingt mille francs en bonnes espèces, et que demain, en donnant à manger aux poules (c'est par là que vous commencerez), vous cassiez une écuelle de deux sous, l'économe ne manquera pas de vous dire : « Frère Mathieu, avec vos gaucheries, vous ruinez la maison! »

« Si c'est un militaire signalé dans vingt bulletins et à la poitrine triplement étoilée : Monsieur le colonel, lui dira-t-on, prenez ce sarreau de toile, mettez ces sabots aux pieds, et, le chapeau de paille à la main, allez prendre l'ordre du jour chez le frère jardinier, qui vous apprendra l'art d'aligner des choux, de former un carré d'asperges, de charger un âne en deux temps. Vous vous appellerez frère Placide.

« Si le postulant est un empereur et roi, qui, durant trente-sept ans a gouverné assez bien la moitié du globe, comme cela se vit, en 1566, au monastère de Saint-Just, on conduira frère Charles dans un petit atelier de jardinier ou d'horloger, et il recevra, en échange du baudrier impérial et de l'épée, un cilice et une discipline.....

« Après ce premier naufrage des vanités humaines, dans lequel on a perdu jusqu'à ses nom et prénoms, on place durant plusieurs mois le novice en face de Dieu et de lui-même. Là on lui ordonne tantôt d'aller chercher ses lettres de noblesse dans le néant où il était encore neuf mois avant son illustre naissance, tantôt d'examiner dans un sépulcre la différence qu'il y a entre les cendres d'un empereur et celles d'un goujat. Quand il a compris que les plus éclatantes existences se confondent par les deux bouts avec les plus obscures, on lui ordonne d'en analyser le milieu, d'inventorier consciencieusement sa vie, en faisant la part du bien qu'il tient de Dieu et qu'il doit lui rendre, et la part du mal qu'il s'adjugera à lui-même, sans préjudice des réclamations à élever par le diable. L'opération terminée avec l'aide d'un bon directeur, il est probable que notre novice jugera qu'on lui fait beaucoup d'honneur en le souffrant dans le monastère.

« Dès qu'on le verra bien pénétré de cette pensée, on assemblera le chapitre; on ira au scrutin, et si les boules blanches sont en majorité, il recevra l'accolade fraternelle, puis prendra la place que lui donne l'ordre d'ancienneté, c'est-à-dire la dernière.

« Si frère Mathieu et frère Placide se font remarquer par leur ferveur et surtout par leur humilité, il est possible que dans huit ou dix ans, on les élève à la dignité d'économe, de cellérier, de prieur et de provincial, de définiteur; mais ils trouveront dans le chapitre des devoirs un joli rabat-joie. »

Jean-Baptiste, en entrant dans le cloître, n'avait à faire aucun de ces grands sacrifices de fortune, de dignités ou de nom qui forment de si belles pages dans l'histoire des ordres religieux. Il n'avait que ses rêves de jeune homme, longtemps caressés, et qui sont souvent aussi chers au cœur que les réalités les plus brillantes. Il les sacrifia, avec cette générosité qui devait désormais rester le caractère intime de sa vie. « Mon Dieu, écrivait-il à la fin de sa retraite, est-il possible que j'aie pu me tromper jusqu'à préférer l'épée à la croix, la liberté de la caserne à l'obéissance du cloître, la gloire humaine à la couronne des saints, le temps à l'éternité! O mes jouets d'enfant, comme je vous brise volontiers! O mes rêves de dix-huit ans, comme je vous immole de grand cœur! »

Il est difficile de reconnaître, dans ces lignes énergiques, l'élève léger et paresseux de Guérande et de Nantes. Ce cri du cœur n'était pas un vain mot. L'action de la grâce fut subite en lui, et elle se manifesta par les plus étonnantes transformations.

Dès qu'il eut été admis comme postulant, au milieu des religieux de Melleray, il s'empressa de suivre la règle de la Trappe avec une fidélité inviolable. Rien ne lui semblait difficile ; aucun détail n'échappait à sa vigilance. « Il nous donnait l'exemple à tous, écrivait plus tard un de ses frères, on eût dit un vieux religieux rompu, depuis longtemps, aux exercices de la vie monastique. »

Les supérieurs de Jean-Baptiste comprirent bientôt la valeur du trésor dont Dieu venait d'enrichir leur monastère. Une épreuve de quelques semaines révéla toute la générosité de cette âme d'élite, prêtée pour si peu de temps à la terre, et le postulant fut admis, d'un consentement unanime, à revêtir les saintes livrées de la religion.

Il s'empressa d'annoncer à sa famille la grande nouvelle.

La vocation inattendue de Jean-Baptiste avait produit dans l'âme de ses parents une véritable surprise, mêlée d'un premier sentiment de douleur. Ils avaient vu se dresser devant eux une vie de pénitences et de mortifications effrayantes, que l'imagination populaire exagère presque toujours, quand elle vient à s'arrêter sur la vie de la Trappe.

Puis ils ne reverraient plus, au foyer domestique, cet enfant si sincèrement aimé, malgré les inégalités de sa nature. Aussi des larmes avaient coulé. Mais, s'inspirant bientôt de pensées plus hautes, ils s'étaient généreusement soumis aux desseins de la Providence. Ils avaient même écrit au jeune postulant pour lui faire part de leurs dispositions. Jean-Baptiste n'avait pas perdu le souvenir de cette lettre, qui lui avait fait tant de bien au cœur.

« J'ai été bien heureux, dit-il, de voir votre soumission à la volonté du bon Dieu. Oui, chers parents, c'est en acceptant de bon cœur les épreuves qu'il plaira au divin Maître de nous envoyer, que nous mériterons de voir ces épreuves se changer en une couronne de gloire, dans l'éternité.

« Bien que je sois éloigné de Vieillevigne, il m'est doux de venir, à l'occasion de la belle fête de l'Assomption, vous offrir, à vous, chère maman, et à toi aussi, chère petite sœur, les vœux que j'adresse pour vous à votre sainte patronne. Je ne doute pas que ce soit par sa puissante intercession que Dieu vous ait accordé la grâce d'une si entière résignation.

« Et vous, bien cher papa, soyez sûr que je ne vous oublie pas. Je pense souvent à vous, surtout dans mes prières. Je vous supplie de me pardonner les peines que je vous ai faites jusqu'ici, et qui, hélas! n'ont été que trop nombreuses.

« Je vous annonce, chers parents, que je dois prendre l'habit religieux, mercredi matin. Il me sera bien doux de me consacrer à Dieu dans la fête de Marie, la patronne de maman, de ma sœur, et notre mère à tous. Comme cette divine Vierge est aussi la patronne spéciale de notre ordre, j'entendrai souvent prononcer son nom, et ce nom me rappellera des êtres bien chers à mon cœur. Papa non plus ne sera pas oublié, car je m'appellerai frère Jean-Baptiste.

« J'aurais bien désiré pouvoir vous écrire hier. Je vous aurais demandé d'offrir votre communion pour moi. Mais puisque vous ne recevrez pas cette lettre assez tôt, priez tous les jours, à mon intention. Demandez au bon Dieu qu'il m'accorde de commencer mon noviciat dans de saintes dispositions, de dépouiller le vieil homme en déposant les habits du monde, enfin de bien répondre aux grâces immenses attachées à ma nouvelle vocation. »

Cette lettre est simple et belle comme la vérité. Elle ne porte aucune trace de cet enthousiasme qui ravit de prime abord, mais qui s'éteint souvent, comme un feu de paille auquel on l'a justement comparé.

Du reste, les émotions superficielles disparaissent bien vite à la Trappe ! Il est possible que, dans un moment de ferveur, une âme de jeune homme s'éprenne de la solitude, du renoncement au monde, « de ces suaves et secrets asiles habités par la vertu et le dévouement, et consacrés à la méditation de l'éternité. » Mais si l'appel divin n'est pas là, ces élans naturels tombent bientôt devant les obligations et les réalités de la vie monastique. Les fondateurs des ordres religieux connaissaient bien le penchant de certaines natures à se laisser emporter par ces attraits passagers pour le cloître. Aussi ont-ils multiplié les précautions, afin de mettre les âmes à l'abri des illusions de l'enthousiasme.

C'est la juste remarque de M. Gaillardin, dans son beau livre : *l'Ordre de Cîteaux au* XIXe *siècle :* « Loin d'imposer sa règle à personne, dit-il, la Trappe ne la propose même pas; elle ne va pas au devant des novices, elle les attend, et quand ils se présentent, elle les reçoit froidement, je pourrais dire durement, car tel est le précepte de saint Benoît. Et pourquoi? Parce qu'il faut préserver l'homme de sa ferveur, de ses illusions, de son enthousiasme, de sa confiance en ses forces, ou en sa propre importance. Il s'agit d'un engagement sérieux qui doit durer autant que la vie : on se garde bien de surprendre sa liberté. Tel postulant s'estime lui-même; il a cru que la communauté tirerait un grand honneur et un grand avantage de sa vocation; un accueil empressé entretiendrait l'erreur de la vanité; un accueil froid déconcerte toute vocation qui ne vient pas directement de Dieu. Tel autre a mesuré ses forces aux petites contrariétés, aux chagrins, aux privations qu'il a supportés dans le monde. Il suffirait pour entretenir l'illusion de son énergie, de lui dissimuler, au moins dans les commencements, quelques-unes des sévérités de la règle. On les lui montre, au contraire, dès le premier jour, toutes à la fois et on les lui explique pendant une année entière (1); le noviciat semble plutôt institué pour le rebuter que pour le gagner. »

(1) Maintenant deux ans.

TRAPPISTE EN LECTURE

Le 15 août fut pour Jean-Baptiste un beau jour. Après la messe du matin, le maître des novices vint prendre le postulant et après l'avoir fait attendre quelques instants à la porte du chapitre, l'introduisit au milieu de la communauté réunie. Sur une table, entre le siège de l'Abbé et celui du prieur, il aperçut les habits religieux qui lui étaient destinés. Lorsque le Père Abbé lui demanda s'il était bien disposé à se conformer à la règle de la maison, et à persévérer dans sa nouvelle vocation, il répondit avec une émotion qui frappa tous les religieux : « Oui, mon révérend Père, moyennant la grâce de Dieu et le secours de vos prières. »

Le Père abbé le revêtit du saint habit, et pendant que la communauté chantait sur un ton solennel, le cantique de Zacharie :

« Béni soit le Seigneur, le Dieu d'Israël, »

le novice alla se mettre à genoux au milieu du chapitre. Il apparut alors avec des traits si jeunes, si candides, qu'on eût dit un enfant sous un costume de trappiste.

Ainsi qu'il l'avait annoncé à sa famille, il voulut conserver son nom de baptême.

Au sortir du chapitre, frère Jean-Baptiste, conduit par le maître des novices se rendit à l'église, et là, il épancha son âme dans une fervente action de grâces. Avec cette énergie qui, depuis son entrée à Melleray, avait remplacé sa mollesse et sa nonchalance d'autrefois, il promit à Dieu d'être un religieux dans toute la rigueur de l'expression : Dieu et ma règle ! telle fut sa noble devise, et il ne la perdit jamais de vue.

Trop souvent on a regardé à travers un prisme qui la décolore la vie des religieux soumis à la règle de Cîteaux. Aux yeux de la foule, la Trappe est une sorte de bagne religieux où des âmes plus ou moins coupables, plus ou moins déchirées par le remords et tremblant à la pensée des jugements de Dieu se condamnent volontairement à subir toutes les tortures d'une règle homicide. Des écrivains catholiques se sont rencontrés qui, sans aller aussi loin, sont pourtant tombés dans d'étranges aberrations. Ils n'ont vu et décrit qu'un côté de la vie de la Trappe : la pénitence. C'était prendre les moyens pour la fin. Et en effet, la pensée intime de saint Benoît, quand il écrivait cette règle qui excita, de tout temps, l'admiration des grands hommes et des saints, fut de former des religieux unis à Dieu par la contemplation. Les austérités, dont on exagère, comme à plaisir, les rigueurs, sont toujours en rapport avec les forces du corps de l'homme, toujours tempérées par les adoucissements que réclament l'âge, la santé, les occupations des religieux. Elles n'ont qu'un but : dompter le corps, et non le détruire, empêcher la chair de dominer l'esprit et permettre ainsi à l'âme de prendre vers Dieu un essor plus libre et plus élevé.

Plus d'une fois sans doute, il s'est trouvé de grands pécheurs qui sont allés demander à la règle de la Trappe de les guider, de les soutenir dans les exercices de la pénitence, dont ils sentaient pour eux la nécessité. Mais, « dans tous les temps la majorité des trappistes s'est composée d'âmes saintes, que les souillures du monde n'avaient pas flétries, qui, redoutant pour leur innocence, l'iniquité et la contradiction de la cité, se sont retirées dans le port de la solitude. Convaincues du néant des biens et des joies de la terre, elles ont tout quitté spontanément pour chercher, sur les traces de Jésus-Christ, le centuple divin promis aux pauvres volontaires. » Or c'est surtout pour les hommes au cœur pur qu'est faite la règle de saint Benoît; ce sont eux qui en saisissent avec plus de facilité et de promptitude l'esprit et le but, ce sont eux qui parviennent vite à cette contemplation, à cette union à Dieu qui leur permet de dire avec saint Bernard : « Je ne sens pas le poids du jour et de la chaleur; je ne trouve que douceur dans le joug que m'impose le Père de famille; mon fardeau me paraît léger et il me semble qu'il n'y a pas une heure que je le porte : l'amour qui lui a ôté son poids en a abrégé le temps. »

S'il y avait eu des faiblesses, des défaillances dans les premières années du frère Jean-Baptiste, son âme du moins ne s'était pas flétrie au souffle des passions. Elle avait conservé toute sa fraîcheur, toute son énergie et sous l'influence de la règle monastique, elle tendit vers Dieu comme vers son centre naturel et même nécessaire. « Il me semble le voir encore, écrit un de ses frères : toujours calme, toujours occupé de saintes pensées, il ne cessait pas un instant d'être uni à Dieu. Il priait partout, en allant au travail, dans les moments de repos, en marchant sous les cloîtres, en passant d'un exercice à l'autre. » Il avait juste le temps, disait-il, de gagner ainsi pour les âmes du Purgatoire une bonne et belle indulgence. »

Commençait-il les actions en apparence les moins importantes? il n'oubliait jamais de les offrir à Dieu par un signe de croix : « De cette façon, disait-il, autant d'actions, autant d'actes d'amour ! Comme je voudrais les multiplier! Oui, je voudrais en produire autant qu'il y a d'épis à tomber sous ma faucille, autant que je recueillerai de grains de blé, plus encore, s'il était possible ! »

Cet amour de Dieu le portait à éviter avec un soin jaloux les fautes les plus légères, à expier avec empressement les imperfections qui échappent toujours à la fragilité humaine.

Quelques mois après son entrée au noviciat, le frère Jean-Baptiste dut satisfaire à la loi militaire et passer devant le conseil de revision. La commission chargée d'examiner le jeune conscrit ne tarda pas à s'apercevoir de la faiblesse de sa constitution; peut-être même découvrit-elle les indices du mal qui devait le conduire si prochainement au tombeau. « Voyons, mon ami, lui dit le chirurgien, vous devez souffrir depuis longtemps de la poitrine ? » A cette question, frère Jean-Baptiste comprit qu'une réponse affirmative pouvait le délivrer du service militaire et le rendre à sa chère solitude de Melleray. Mais ce mot lui apparut comme peu conforme à la vérité, par conséquent comme une offense de Dieu, et il répondit avec une noble franchise : « Non, monsieur, je ne souffre pas! » Sont-ils nombreux les jeunes gens qui possèdent cette délicatesse de conscience et qui ne voudraient pas acheter leur liberté au prix d'un mensonge?

Un jour, il reçut la visite d'un prêtre qui possédait depuis longtemps toute sa confiance et qui avait été pour lui plus qu'un ami. La conversation se prolongea pendant plusieurs heures dans un intime entretien et le prêtre fut amené à interroger le jeune novice sur un fait de sa vie passée qui n'était pas complètement à sa louange. Cette fois, un sentiment de timidité ou de honte l'emporta sur la voix de la conscience : frère Jean-Baptiste répondit d'une manière évasive qui était non seulement une fin de non-recevoir, mais une entorse donnée à la vérité. Le moment du départ étant arrivé, le visiteur quitte Melleray. Peu d'instants après, il attendait, sur la grande route, à quelque distance du monastère le passage de la voiture publique, quand il vit venir à lui le novice accompagné de son père Maître.

— Je vous ai menti tout à l'heure, dit-il; je n'ai pas voulu vous laisser partir sans avoir réparé ma faute!

Et il raconta, avec les détails les plus circonstanciés, le fait sur lequel on l'avait interrogé.

« Je fus touché jusqu'aux larmes, raconte le prêtre. Je me cachai la figure pour pleurer de joie et je partis en bénissant Dieu de sa miséricordieuse bonté à l'égard de son enfant ! »

La crainte de tomber dans quelque péché le rendait sans cesse attentif sur lui-même. Les efforts qu'il s'imposait pour réprimer les écarts de son imagination et se maintenir constamment en présence de Dieu allaient d'abord un peu loin et auraient pu nuire au développement de sa vertu, en la rendant étroite et minutieuse. « Le frère Jean-Baptiste, en cela comme en tout le reste, remarque le R. Père Abbé, déjoua les ruses de l'ennemi par sa simplicité à faire connaître les pensées intimes de son cœur, à recevoir les avis de ses directeurs, à en faire aussitôt l'application dans sa conduite. Ses scrupules ne tinrent pas longtemps contre la pratique de cette soumission de jugement; ils firent place à une aisance de maintien et d'action qui, selon saint

Benoît, « le faisait courir dans la voie des commandements avec un cœur tout dilaté d'amour et une joie tout angélique. »

Aussi le zèle de la gloire de Dieu remplissait-il son âme. « Il eût voulu, comme il le disait lui-même, posséder les voix de toutes les créatures pour chanter Dieu! » Vers la fin de son noviciat, il fut chargé en second de la direction du chant dans les offices du chœur. Il accepta cet emploi avec une joie marquée et il s'en acquitta toujours avec un soin, une attention qui attestaient l'esprit de religion dont il était pénétré. A ses yeux, il n'y avait rien de petit, rien de vulgaire dès qu'il s'agissait de rendre à Dieu les honneurs de son culte. Il savait, pour l'avoir éprouvé lui-même, tout ce qu'il y a de touchant dans un chœur de religieux, dont les voix mâles chantent avec goût les cantiques de la liturgie catholique. Aussi n'apercevait-il jamais sans peine le moindre désordre dans le chant des psaumes, des hymnes, des antiennes. Il se faisait un devoir de réprimer à propos l'allure trop vive des uns, d'activer la lenteur des autres, de maintenir la psalmodie dans cette juste limite où l'on ne trouve ni lenteur, ni fatigue. Son zèle lui communiquait alors une fermeté dont il paraissait à peine capable. Lui, si plein de mansuétude, aurait-il laissé saisir sur son visage un mécontentement passager, un éclair de vivacité fugitive! Seul, l'intérêt de la gloire de Dieu pouvait le faire sortir ainsi de lui-même. — Un religieux, distrait sans doute par ses méditations de l'attention requise à la marche commune du chœur, ne la suivait pas avec toute l'exactitude désirée. Le frère Jean-Baptiste quitte aussitôt sa stalle et va présenter à son confrère la tablette où sont indiqués les défauts qu'il convient d'éviter en pareille circonstance. Un premier avertissement reste sans effet; le novice ne se décourage pas, il retourne à sa tablette, la met de nouveau sous les yeux du récalcitrant, puis revient tranquillement à sa place, heureux d'avoir enfin rétabli l'uniformité. « J'ai peut-être montré quelque humeur, disait-il ensuite au Père Abbé; ne suis-je pas excusable?

Je voulais ménager à Dieu une louange plus parfaite ! » Du reste son supérieur lui donna gain de cause, et celui-là même qu'il avait averti de la sorte, loin de manifester du dépit, lui sut gré de sa charité.

Est-il étonnant qu'une âme si remplie de l'amour divin n'eût rien de plus à cœur que de rechercher en tout le bon plaisir de Dieu; de se conformer avec une fidélité aveugle à tous les desseins de la Providence. Dans un cahier de notes, trop tôt interrompu par la maladie et par la mort, il avait écrit et souligné ces paroles de saint Bernard : « La soumission consiste nécessairement en trois choses : d'abord à vouloir fermement ce que nous savons clairement être la volonté de Dieu; puis à détester après lui ce qui certainement lui déplaît; enfin, dans le doute s'il y a, pour tel cas donné, commandement ou défense, à n'avoir en ce point ni désir ni répugnance. » Ailleurs, il écrit encore : « Tout pour Dieu; tout par Dieu; tout en Dieu ! »

Ces sentences ne restaient pas pour lui à l'état

de lettre morte : elles étaient l'inspiration et la règle de sa vie. Lorsque, grâce à sa franchise, il eut été déclaré propre au service militaire, il se vit exposé à changer l'habit du novice contre la capote du soldat. Quitter Melleray à l'heure même où son cœur commençait à goûter tous les charmes de la solitude, passer du cloître à la caserne eût été pour le frère Jean-Baptiste une rude épreuve. Cependant il n'hésite pas, et, si telle eût été la volonté de Dieu, il se serait soumis sans murmurer et presque avec allégresse. Il suffit de lire les lignes dans lesquelles il s'entretient avec ses parents de cette importante affaire et de remarquer avec quel ton dégagé il s'efforce de les rassurer : « Vous m'avez parlé, dit-il, du service militaire : oui, je le sais, nous n'en sommes pas exempts ; mais, voyez-vous, là comme toujours, le bon Dieu ne nous abandonnera pas. Si je dois être soldat, ce ne sera guère que dans un an, et, d'ici là, j'aurai le temps de me préparer et de me fortifier dans la vertu. Espérons en Dieu et tenons-nous tranquilles : je crois que c'est la meilleure voie à suivre. » On fit quelques démarches et bientôt tout sujet d'inquiétude eut disparu. Sans doute le novice se réjouit, mais sa joie est calme et douce, toute empreinte d'un abandon parfait à la volonté divine : « Le bon Dieu a tout arrangé pour le mieux, dit-il ; que son saint nom soit béni ! voilà une preuve de plus que nous devons avoir confiance en lui ! »

Il s'entendait si bien à prêcher cette doctrine, que la correspondance de sa sœur chérie en est tout imprégnée : « Tu me recommandes souvent, frère bien-aimé, lui écrit Marie, de compter sur le bon Dieu, et tu as raison ! Oui, avant tout que sa sainte volonté s'accomplisse ! Un jour, il nous réunira dans la céleste patrie; car ne marchons-nous pas tous deux vers le ciel, quoique par des voies différentes ? Agir selon son bon plaisir, cela nous suffit ! » Dans une autre lettre, écrite plus tard, la pieuse jeune fille disait : « Mettons-nous entièrement entre les mains de la divine Providence, elle fera de nous ce qu'elle voudra ! *Fiat!* »

Il existe pour les religieux un moyen infaillible de faire partout et toujours la volonté de Dieu : c'est l'observation de la règle jusque dans les plus légers détails. « Qui vit de la règle, vit pour Dieu ! » Le frère Jean-Baptiste le savait, et tous ceux qui l'ont connu, se sont accordés à louer en lui le modèle de la régularité la plus parfaite. Dans quelques pages émues, le Père Hermeland, Prieur du monastère de Melleray, nous a retracé les grandes lignes de l'existence du jeune religieux. Nous en détacherons quelques fragments, tout empreints de cette affectueuse admiration dont il était rempli pour le défunt. Voici comment il s'exprime sur l'exactitude du frère Jean-Baptiste à suivre tous les points de sa règle : « Il a toujours obéi au premier son de la cloche, comme au premier signe de ceux qui étaient chargés de lui commander. Jamais le plus petit refus de sa part ; mais, au contraire, obéissance prompte, entière, gracieuse, empressée, tout aimable. Dieu devait avoir pour bien agréables toutes ces petites offrandes, ces légers mais continuels sacrifices de la volonté propre si souvent accomplis dans le secret. Il les poussait jusqu'à la délicatesse, car il n'y avait point de partage en son cœur. Ce n'est pas lui qui, après le premier coup de la cloche, eût achevé une lettre commencée. Je dis ce que j'ai vu : « *Mon frère Jean-Baptiste, voilà qu'on sonne la fin du travail, ou le commencement de l'office... Mon frère Jean-Baptiste, le R. P. Abbé vous demande...* » Et aussitôt Jean-Baptiste cessait tout travail; aussitôt il se levait et partait à la voix de l'obéissance.

« D'un tempérament faible, d'une santé délicate, il suivait les mêmes exercices que les autres religieux. Je le vois encore, à la saison des foins, partant comme tout le monde et marchant à son rang. Il faisait jusqu'à deux kilomètres, et arrivé sur le lieu du travail, il secouait, tournait et retournait consciencieusement l'herbe coupée sans se contenter de la changer de place. Jamais il n'a craint sa peine. Je le vois encore à la moisson : alors la fatigue est grande, et la sueur ruisselle au front des religieux. Le frère Jean-Baptiste embrassait ses deux sillons, et abattait à l'envi les blés mûrs. Jamais il ne demandait un adoucissement à la tâche qui lui était imposée ; mais il se plaignait quelquefois de ce qu'on croyait devoir accorder des soulagements à sa faiblesse. »

Un autre de ses supérieurs qui avait eu beaucoup de rapports avec lui, disait un jour au Père Abbé : « Le petit frère Jean-Baptiste fait tout très bien ; je n'ai pas le moindre reproche à lui adresser, il paraît toujours content. » Et le Père Abbé après avoir rappelé ce témoignage, ajoutait : « Le fait est qu'il s'est toujours acquitté d'une manière très satisfaisante de tous les petits travaux qui lui étaient imposés par l'obéissance. Jamais il n'a manifesté de répugnance pour aucun ; c'était avec la même ardeur, le même empressement, le même air de douce satisfaction qu'il s'employait à bêcher, à sarcler, à balayer, à préparer des sacs

Michelet Sc — E. Alexandre

TRAPPISTE ALLANT AU TRAVAIL

pour les graines. Du reste, il réussissait bien, grâce à la bonne volonté qui l'animait en toutes ses actions; et généralement, on aimait à lui confier les travaux qui demandent un peu d'attention. Ce n'est pas qu'il fût adroit naturellement, car, que de fois l'a-t-on vu, soit pendant le travail, soit après, venir demander une pénitence pour avoir laissé tomber quelque chose, brisé un objet, déchiré un sac, cassé une branche d'arbre. Il ne se pardonnait rien à cet égard, et suivait à la lettre le précepte de la règle, qui ordonne de s'accuser au plus tôt des fautes ou des maladresses de ce genre. A cette occasion, quelqu'un eut l'air d'être mécontent de cette régularité qui lui semblait excessive, et devenait une leçon pour d'autres religieux moins scrupuleux que le frère Jean-Baptiste.

— Que faut-il faire, me dit-il? — Continuez, lui répondis-je, évitez seulement d'agir d'une manière trop ostensible, comme si vous vouliez faire aux autres des reproches de leur négligence.

Agissez simplement afin d'édifier vos frères, et de les porter à louer votre Dieu. »

Il appartenait au frère Jean-Baptiste de nous apprendre lui-même avec quel empressement, quelle joie sincère, et, si nous osions le dire, quelle bonne humeur inspirée par la foi, il se portait à l'observation fidèle de sa règle. Nous devons à une aimable indiscrétion de pouvoir reproduire la physionomie à peu près exacte d'une scène dans laquelle son âme s'épancha tout entière.

La seconde année de son noviciat, il reçut la visite de toute la colonie de Vieillevigne. Un beau matin, le frère portier vint lui annoncer que son père, sa mère, son frère, sa sœur l'attendaient au parloir du monastère, et que le Père Abbé l'autorisait à recevoir sa famille. A cette nouvelle, son cœur tressaillit. Pourtant il fut assez maître de lui-même pour réprimer l'élan si naturel qui l'emportait vers ses visiteurs. Il se dirigea, d'un air grave et recueilli, vers le parloir de l'abbaye. Bientôt il fut en présence de ceux qui l'attendaient.

— Mon père! ma mère! mon bon frère! ma chère petite sœur!

Tous ensemble, et l'un après l'autre, il les pressa dans ses bras avec transport.

Il les retrouvait bien, lui, tels qu'ils les avait quittés; mais, eux, ne l'avaient pas retrouvé encore. Ils avaient besoin, surtout sa mère, de le regarder à loisir, de le considérer de la tête aux pieds, afin de reconnaître s'il n'avait pas trop changé. Tout ému qu'il était lui-même, Jean-Baptiste comprit le désir, le besoin de ces braves cœurs. Afin de leur venir en aide, par une délicatesse exquise, et avec l'élan de sa vive nature, il redevint, pour un instant, le joyeux espiègle d'autrefois.

Il se plaça en pleine lumière : « Regardez-moi bien, leur dit-il, suis-je toujours le gamin de Vieillevigne? Il me semble que je suis mieux. C'est une pure supposition; car, à la Trappe, nous n'avons pas le loisir de nous mirer, même dans les étangs, qui sont les seuls miroirs de notre couvent. Mais l'habit de trappiste m'est trop doux pour ne pas m'aller bien, et la vie que nous menons ici est trop saine à l'âme et au corps pour que j'aie mauvaise mine. »

Il avait raison, l'aimable novice, de parler le premier, et de parler quelque temps. Ses parents ne pouvaient, au premier abord, que le dévorer des yeux, et n'auraient su rien lui dire.

— Est-il bien vrai, reprit sa sœur, qui enfin retrouva la parole, est-il bien vrai que tu te plaises ici autant que les premiers jours?

— Tu sembles croire, ma bonne Marie, que je suis toujours inconstant et léger; tu oublies qu'un acte très réfléchi m'a jeté dans la vie de la Trappe, et ce fut bien l'acte le mieux inspiré de ma vie. Je lisais dernièrement une lettre d'un trappiste, mort en odeur de sainteté à la Trappe d'Aiguebelle. Il écrivait qu'il n'aurait pas échangé son état contre un empire. Je me disais, en souriant : « J'en connais bien un autre! »

— Pourtant, si je t'avais dit, avant cette retraite qui a tout décidé : « Il viendra un temps où tu jeûneras presque toute l'année, où tu ne mangeras jamais ni viande ni poisson, ni œufs, ni beurre, excepté quand tu seras malade, c'est-à-dire quand tu n'en voudras plus; où tu coucheras tout habillé sur la paille; où tu croiras dormir la grasse matinée lorsque tu ne te lèveras qu'à deux heures du matin, tu m'aurais jeté un sourire de pitié, et tu aurais dit que je perdais la tête.

— Oui, peut-être *avant* ma retraite; mais *après*, c'est autre chose. Puis, vois-tu, les bonnes petites sœurs comme toi ne sont pas faites pour tenir de ces discours-là. Il n'y a que le bon Dieu et ceux qui le représentent, qui puissent dire à un jeune homme de vingt ans : Vous serez trappiste! Mais quand le bon Dieu a parlé, quand on est bien sûr d'avoir entendu sa voix, on se fait généreusement trappiste, et on reste gaiement trappiste.

— Pourtant, ce n'est pas très gai, dit la mère, qui jusqu'à ce moment s'était contentée de contempler son fils, ce n'est pas très gai de coucher tout habillé et sur la paille.

— O mère, si tu savais comme on dort bien sur une paillasse de trappiste ! Le bon Dieu, la paix de l'âme et la fatigue, tout est là ! On dort si bien qu'il m'a fallu inventer un stratagème pour me débarrasser du sommeil au premier son de la cloche. Je m'étais aperçu qu'en m'enveloppant la tête, le soir, avec mon capuchon, je dormais comme une marmotte. Je laisse donc ma tête à l'air, et le matin, je ne sais trop si c'est le sommeil ou moi qui avons froid ; ce qu'il y a de certain, c'est que nous nous séparons avec beaucoup plus de facilité qu'autrefois.

— Tu as beau dire, ajouta le père, ce n'est pas gai du tout de jeûner tous les jours!

— Surtout, dit Marie, pour certain jeune homme que j'ai connu, et auquel il fallait, au sortir du lit, un grand bol de chocolat.

— Bon! encore un caillou de Vieillevigne dans le jardin du monastère. Eh bien! je vous assure que j'ai tout à fait oublié mon déjeûner d'autrefois. Ce n'est pas à dire que je jeûne tous les jours; le Père Abbé est très bon : dès qu'il voit un novice faible ou malade, il lui fait donner, le matin, un morceau de pain et un fruit. C'est délicieux, surtout quand on a faim !

— Au dîner, au moins, avez-vous votre content?

— Je crois bien, chère mère, et même presque davantage. Jugez-en : d'abord une écuelle de soupe.

— Mais tu ne voulais pas en manger à la maison ?

— Tu me taquines toujours, méchante Marie! Pour ta peine, je vais te dire ta vérité : ni à ta cuisine, ni ailleurs, je n'ai mangé d'aussi bonne soupe qu'à la Trappe. Vous vous imaginez, vous autres, que votre soupe a toutes les séductions, parce qu'elle ouvre de grands yeux C'est comme le monde, ça manque de fond. Vive notre soupe à nous! Loin de tromper ses gens, elle donne plus qu'elle n'a promis. Il y a de tout là-dedans... et en abondance. Après le

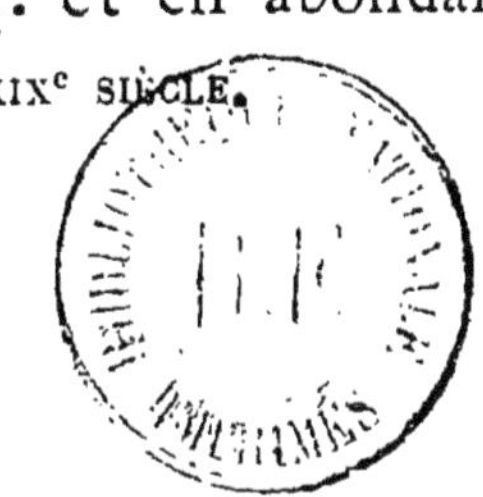

potage, nous avons des pommes de terre, du fromage ou du lait, parfois même une excellente salade. Ah! par exemple, j'ai eu une forte distraction et une vive démangeaison de rire, la première fois que j'en ai vu servir.

Imaginez-vous que le frère cuisinier, pour s'éviter un peu de travail, je le crus du moins, avait simplement déposé, derrière chacune de nos soupières, deux têtes de salade... au naturel.

J'avoue qu'après la première seconde de surprise, je me demandai, si, en face d'une salade, le trappiste devenait un lapin. J'attendis, et j'eus bientôt la clef du mystère... J'appris comment on faisait la salade à la Trappe. Rien de plus simple. Chaque religieux prépare, séance tenante, la salade fraîche comme au jardin, et cueillie exprès pour lui. Un frère passe, et offre à chacun une large cuillerée d'huile, et une petite cuillerée..... pardon, je me trompe, une petite cuillerée d'huile et une large cuillerée de vinaigre : de cette façon, la salade est très goûtée, je vous l'assure.

— Il est heureux, mon frère chéri, que tu prennes les choses du bon côté. Mais c'est égal, tu as perdu tes joues rosées; elles sont devenues un peu creuses et elles ont pâli.

— Il est vrai que si je m'étais engagé au service militaire, comme je le voulais et comme vous ne le vouliez pas, j'aurais probablement le teint plus coloré. Me trouveriez-vous plus à votre goût? Je suis sûr, en tous cas, que je ne pourrais me porter mieux. Croiriez-vous bien que je travaille de façon à faire envie aux meilleurs ouvriers de Vieillevigne?

— Mais à quoi tes supérieurs t'ont-ils occupé? demanda le père en souriant.

— Hélas! je m'en souviens, chez vous je faisais peu de chose, et ce peu, je le faisais mal. Je m'efforce ici de regagner le temps perdu. La Trappe, voyez-vous, fait des miracles. Si je suis distrait de mon travail, ce n'est plus guère de ma faute. Savez-vous, du reste, qu'il n'y fait pas bon? C'est plutôt par rencontre que par maladresse, n'est-il pas vrai? qu'en bêchant des pommes de terre, on en coupe une en deux. Pourtant si l'accident nous arrive, il faut aller humblement présenter les débris au maître du travail, et recevoir une pénitence. Cette mesure pourrait paraître prise uniquement dans l'intérêt du tubercule; voici qui est dans notre intérêt à nous : Celui qui se coupe le doigt en moissonnant, est tenu d'aller montrer sa blessure, et reçoit une pénitence qui l'excite à être plus attentif et plus vigilant une autre fois. Dites maintenant que notre règle n'a pas pour nous les attentions les plus délicates! Aussi, comme je l'aime, notre règle! Et je vous assure qu'elle n'est pas une ingrate : elle paye largement par les meilleures joies de la conscience et du cœur la fidélité qu'on lui garde, les petits sacrifices qu'on s'impose pour elle.

L'entretien se poursuivait ainsi, sans ordre rigoureux, au hasard de la pensée, avec une aimable familiarité. Tout à coup, la cloche du monastère sonna : elle appelait les religieux au chœur. Le frère Jean-Baptiste s'empressa de se séparer de sa famille. Il s'en alla, n'osant se retourner en arrière, pendant que ses parents l'enveloppaient d'un dernier regard.

— Quel joli moine, mon petit frère, disait Marie, les larmes aux yeux. Vous m'accusiez de le gâter, je savais bien que vous seriez fiers de lui un jour! Oh! si je le pouvais, je le gâterais bien davantage!

Il avait bien dit la vérité, le cher frère Jean-Baptiste, quand, dans un élan de son cœur, il s'était écrié : « Comme je l'aime notre règle ! » Il l'aimait en effet, il en aimait tous les points, et s'appliquait à les observer tous avec fidélité. Quelques-uns cependant excitaient ses préférences, et c'étaient toujours ceux qui avaient pour résultat de le faire avancer dans la perfection, de dompter et de crucifier sa nature. De ce nombre et avant tous les autres, était l'exercice de la direction spirituelle. « Tous les quinze jours, raconte le Père Abbé, il arrivait la figure ouverte, souriante, mais en même temps toujours grave, il se mettait à genoux aux pieds de son directeur, selon la coutume de notre Ordre, et commençait ses petites confidences. Sa direction était préparée comme une confession, mais il ne confondait pas l'une avec l'autre : la matière était différente, ou du moins, si, dans sa direction il ne cachait pas ses fautes, c'était pour s'éclairer sur leur gravité et sur les précautions qu'il devait prendre afin de s'en préserver. Il usait de la direction pour tout l'ensemble de sa conduite, et faisait passer sous les yeux de son directeur ses actions, ses paroles, ses désirs, ses pensées, ses difficultés, ses tentations, ses pratiques de piété, afin d'avoir sur tout et sur chaque point en particulier, ses avis et ses conseils. Le novice exposait avec clarté, en peu de mots, son état ; le directeur n'avait à répondre, sur chaque point, que par quelques monosyllabes, pour approuver, blâmer, encourager, retenir, réformer et guider : Bien !... Oui !... Non !... Ne vous troublez pas !... Ce n'est rien !... Prenez garde !... C'est une ruse du démon !... Supportez patiemment !... C'est une misère que vous pouvez éviter !... » La besogne du directeur était simplifiée par cette candeur, cette droiture, et il fallait que le frère Jean-Baptiste eût un bon jugement pour disposer si bien les choses.

« Il est facile de deviner tout le profit qu'il tira de cet exercice constamment suivi, surtout si l'on songe avec quelle docilité, quelle envie de bien faire, il recevait les avis et les recommandations de son directeur. On était sûr que tout ce qu'on lui avait conseillé, un jour, se trouverait fait à la direction suivante. Tout novice, tout religieux pourra le prendre pour modèle dans sa fidélité à observer, d'une façon si attentive et avec des vues si élevées, ce point important de notre règle. La nature a tant de répugnance pour cet exercice,qui la mortifie, tue le vieil homme,qu'on peut juger, rien que par là, combien grande était la vertu du jeune novice, qui mit jusqu'à la fin la direction, toujours fidèlement suivie, au nombre de ses devoirs les plus sacrés. »

Rien ne lui coûtait; il ne songeait même plus à l'intérêt de sa santé ou à celui de sa vie, quand il s'agissait de remplir avec exactitude les devoirs que lui imposait sa règle ou les obédiences qu'on lui confiait.

On l'avait chargé, pendant la moisson, de parcourir les champs et de porter à boire, à certaines heures, aux travailleurs. Avec quel zèle, quel empressement, quel bonheur, il s'acquittait de cette fonction! Tous les religieux de Melleray se rappellent encore l'air gracieux avec lequel il leur présentait le gobelet de fer-blanc. Or, un jour, il avait mis le pied dans un ruisseau et avait rempli d'eau sa chaussure. Afin de ne pas faire attendre ses frères, il ne prit même pas le temps de vider son sabot et continua de parcourir les rangs des moissonneurs. Le Père Sous-Prieur, le voyant dans cet état, lui dit : « Ah ! pour cette conduite imprudente, vous méritez une bonne pénitence ! » Le frère Jean-Baptiste se met immédiatement à genoux et de son air candide et franc il semblait dire : « Donnez, je la mérite bien ; je la ferai avec plaisir ! »

Pendant qu'il s'attachait avec une si noble énergie à tous les points de sa règle, le frère

Jean-Baptiste travaillait à développer dans ceux qui l'entouraient le même amour pour l'ordre et la régularité. Il savait combien est puissante, pour entraîner dans le chemin de la vertu, la muette prédication d'un extérieur modeste, d'un visage recueilli. Plusieurs de ses frères ont avoué que, maintes fois, la vue de sa constance dans le bien avait excité dans leur âme une louable émulation. Ordinairement le pieux novice se contentait de ces silencieuses exhortations : elles convenaient mieux, pensait-il, à son rang et à son âge, et d'ailleurs elles ne manquaient jamais, un jour ou l'autre, de produire leur effet. Dans certains cas cependant, il se croyait obligé de recourir directement à la correction fraternelle. Sa douceur forçait alors les coupables à recevoir, sans murmure, ses charitables avis, tandis que sa fermeté les contraignait à reconnaître leurs torts et à les réparer. Un coup d'œil, un geste lui suffisait souvent pour les inviter à rentrer dans le devoir. Il lui arriva de rencontrer deux religieux qui, au mépris de la règle, avaient rompu le silence. Le frère Jean-Baptiste jeta d'abord sur les deux interlocuteurs un regard suppliant, où se mêlaient le reproche et la prière. Cet avertissement ne fut pas écouté et l'entretien continua. Le novice fixa les yeux d'une manière plus expressive encore sur les récalcitrants, jusqu'à ce que, voyant l'inutilité de ses premiers efforts, il prit tout à coup une physionomie sévère dont ils ne purent longtemps supporter l'aspect.

« Plus d'une fois, raconte un trappiste de Melleray, nous nous sommes trouvés cinq ou six religieux occupés au travail avec le frère Jean-Baptiste. Je l'avouerai à notre honte, tous n'étaient pas toujours scrupuleusement fidèles à la règle. Alors le frère Jean-Baptiste, sans nous témoigner autrement le déplaisir que lui causaient nos signes inutiles, nos rires peu modérés, rabattait énergiquement son capuce jusque sur ses yeux, faisait sans doute une petite prière, puis se redressait grave, silencieux et terminait, sans nous regarder, la besogne commencée. »

La nature du jeune religieux, transformée,

chaque jour, sous l'action de la grâce, n'avait rien perdu de son originalité et de son énergie d'autrefois. Elle se retrouvait à la Trappe, avec ces saillies, ces élans spontanés qui lui attiraient tous les cœurs, alors qu'il était l'hôte assidu du presbytère de Vieillevigne.

Le Vendredi-Saint, les trappistes ont coutume d'aller nu-pieds, depuis quatre heures et demie du matin jusqu'après la messe des présanctifiés, c'est-à-dire jusqu'à onze heures et demie. La seconde année de son noviciat, après la récitation du psautier, le frère Jean-Baptiste s'aperçut que ses confrères souffraient beaucoup du froid, qui, cette année, était particulièrement humide et pénétrant. Les religieux grelotaient et allaient piteusement se réfugier dans les coins de la salle du Chapitre. Il fallait leur rendre un peu de courage. Le frère Jean-Baptiste s'avance résolument au milieu de la salle, se pose sur un pied, puis sur un autre, exécute une danse avec une gravité comique qui eut bientôt amené le plus franc sourire sur le visage des spectateurs. Lorsqu'il vit que les mines étaient moins renfrognées, il salua gracieusement l'assistance et s'en alla piétiner sur le pavé des cloîtres comme s'il n'eût plus éprouvé aucune impression de froid. C'en fut assez pour faire renaître dans le cœur de ses frères l'énergie et la gaieté.

Il y avait deux ans que le frère Jean-Baptiste pratiquait avec une fidélité exemplaire les vertus que saint Benoît désirait voir dans les novices de son ordre. Le moment était venu où ses généreux efforts allaient recevoir une première récompense. Un soir, le R. Père Abbé annonça à tous les trappistes réunis au Chapitre que, dans quelques jours, ils auraient à se prononcer sur l'admission du frère Jean-Baptiste à la profession monastique. D'après les *Us et Coutumes* de la Trappe, au jour indiqué, les religieux expriment leur suffrage à l'aide de boules blanches et de boules noires. Un novice, pour être admis à la profession, doit avoir plus de la moitié des suffrages. Par une exception assez rare, pas une boule noire ne vint exprimer les soupçons d'un seul religieux sur la vertu du frère Jean-Baptiste ! Aussi pouvait-il écrire, avec assurance, au lendemain de sa profession : « Je tremblais bien pour mon indignité ! Une seule pensée me calmait : c'est que j'avais été envoyé aux pieds de mon Dieu, par le suffrage de mes frères ! »

CHAPITRE IV

EXIL ET RETOUR

« Ah! puisse se lever moins douteuse et moins sombre,
L'heure qui doit nous réunir ! »
(LAMARTINE.)

LA fidélité à la règle, la pratique attentive des vertus monastiques avaient développé dans le cœur du Père Jean-Baptiste un profond amour pour sa chère solitude. Il aimait Melleray comme sa patrie, comme sa famille, ou, pour nous servir de la poétique expression de Job, comme « le petit nid » où il espérait bien vivre et mourir : *in nidulo meo moriar!* C'était le sentiment qu'il traduisait, d'une façon si franche et si pittoresque, dans une lettre adressée à son frère :

« On dit et on croit dans le monde que la vie de la Trappe est un supplice, que l'on n'y trouve aucune jouissance, que tout y est peines et sacrifices. Sans doute je ne prétends pas que, dans notre retraite, tout soit fleurs et roses ; mais en réalité la vie est infiniment plus agréable que ne se le figurent les mondains. J'ai dit *agréable*, et je ne retire pas mon mot : car on trouve au service du bon Dieu des jouissances d'une suavité infinie. *Frère l'âne* a bien à souffrir quelquefois ; mais souffre-t-on moins dans le monde, surtout pendant l'hiver rigoureux que nous traversons ? Messieurs, messieurs, faites-vous trappistes et vous verrez que bientôt vous ne consentirez pas à quitter la trappe pour aller occuper un trône ! »

Hélas ! le moment était venu où le jeune moine qui provoquait si gaiement les hommes du monde à venir partager les charmes de sa solitude, allait se voir condamné à s'éloigner de Melleray. En effet les décrets d'expulsion, lancés contre les ordres religieux, avaient jeté partout l'alarme. Malgré le mystère de leur vie, étrangère à toute lutte politique, malgré les bienfaits sans nombre qu'ils ne cessent de verser sur la France, les trappistes eux-mêmes furent menacés de l'exil. Dans cette extrémité, le R. Père Abbé de Melleray se demanda ce que deviendraient deux de ses religieux qu'il destinait au sacerdoce, et qui n'avaient pas encore terminé leurs études théologiques. Après de sérieuses réflexions, il annonça au Père Jean-Baptiste et au frère Hippolyte qu'il allait les envoyer au grand séminaire de Nantes. A cette nouvelle, le Père Jean-Baptiste tressaillit ; des larmes de douleur jaillirent de ses yeux. Le grand séminaire, c'était sans doute encore la vie de retraite, d'obéissance, d'union à Dieu, mais quitter Melleray, quelle épreuve, quel sacrifice ! Ce fut encore dans le cœur de son frère que le religieux épancha d'abord sa douleur :

« Que les desseins de Dieu, frère bien-aimé, sont parfois terribles et impénétrables ! Je rêvais de passer ma vie entière à Melleray, et voilà qu'il me faut partir ! Le R. Père Abbé m'envoie, avec un autre religieux, au grand séminaire de Nantes, où nous suivrons un cours de théologie. Oh! je t'en supplie, demande au bon Dieu, d'abord de nous sanctifier dans la nouvelle position où il va nous conduire, puis de ménager, le plus tôt possible, notre retour à notre cher monastère. Car, malgré toute la bonté que pourront nous témoigner messieurs les directeurs du séminaire de Nantes, nous sentirons toujours que nous sommes loin de la maison paternelle. »

Quelques jours se sont écoulés, et la grâce aidant le travail de la réflexion, n'a pas tardé à produire dans l'âme du Père Jean-Baptiste le calme, la résignation et même la plus parfaite soumission à la volonté de Dieu. Une lettre à sa sœur va nous révéler ce changement dans les impressions qui avaient si naturellement agité son âme :

« A la nouvelle qu'il me fallait quitter Melleray, je t'avoue, ma bonne petite sœur, que je me suis senti navré. Mais, après tout, j'ai eu tort de ne pas imposer silence à la nature. Est-ce à nous, pauvres aveugles, qu'il appartient de scruter, avec curiosité et inquiétude, les desseins de Dieu ? Notre Père céleste saura, dans cette circonstance, comme toujours, tirer pour nous un bien réel de ce qui nous coûte le plus. Nous devons donc le remercier de tout notre cœur, pour le présent ; puis, pour l'avenir, nous en remettre complètement à sa divine Providence, qui veille sur nous et beaucoup mieux que nous ne saurions le faire nous-mêmes. »

Ce fut avec ces dispositions, si dignes d'un parfait religieux, que le Père Jean-Baptiste franchit le seuil de Melleray et se dirigea vers le séminaire de Nantes.

Aussitôt qu'il parut au milieu des séminaristes, avec sa robe de bure, avec cet air mortifié, ce regard candide et pur qui rendaient sa physionomie si attrayante, il excita autour de lui les plus franches sympathies. Ce fut à qui jouirait de la compagnie de celui que tous appelèrent bientôt « le saint petit moine ». Pour lui, se doutant peu de l'impression qu'il produisait, il se porta, avec une simplicité charmante, mais aussi avec une énergie admirable, à l'observation de la règle du séminaire. Il se souvint toujours qu'il était religieux et, par conséquent, voué d'une façon tout intime à la pratique de la perfection. A l'oraison, à la sainte messe, au travail, aux récréations, dans tous les rapports de la vie, il fut un modèle des vertus qui font la gloire du séminaire aussi bien que l'ornement du cloître.

On rencontre parfois, au sein des communautés religieuses, quelques-uns de ces visages aux traits reposés, aux yeux empreints d'une mélancolie toute céleste et dont on chercherait en vain à retrouver l'expression au milieu du monde. L'âme perce à travers son enveloppe et laisse clairement deviner les relations intimes qui se sont établies entre elle et Dieu, dans le sanctuaire de la conscience.

Tous ceux qui ont connu, à Nantes, le Père Jean-Baptiste, n'ont pas oublié ce reflet de vie surnaturelle qui transfigurait son visage. « Rien qu'à le voir, raconte un de ses amis, nous nous sentions émus de Dieu. Il était facile de remarquer que son âme respirait dans une atmosphère supérieure à toutes les régions de la vie terrestre. Pendant l'oraison, il était absorbé dans une contemplation qui semblait paralyser tous les mouvements de son corps. Mais c'était surtout à la chapelle, que se manifestait l'impression dont il était saisi à la pensée de la présence de Dieu. La crainte et l'amour se partageaient visiblement son âme et la plongeaient dans un recueillement profond, d'où il ne sortait que pour écouter la voix de l'obéissance. La crainte et l'amour! c'est, sur la terre, le double sentiment des âmes d'élite qui ne redoutent qu'une chose : déplaire au Dieu qu'elles aiment uniquement. Que de délicatesse dans ces âmes, que d'attention pour échapper aux moindres imperfections! Le Père Jean-Baptiste possédait dans un degré éminent cette crainte surnaturelle, sœur de l'amour, sa compagne nécessaire ici-bas, puisque nous conservons le triste privilège de pouvoir ne pas aimer Dieu. »

Est-il étonnant qu'une âme accoutumée à voir ainsi Dieu en tout, le vît, avec un éclat tout particulier, dans ceux qui avaient reçu la mission de lui commander et de le conduire ? Jamais séminariste ne respecta plus que lui ses supérieurs et ne se soumit à leurs prescriptions avec une humilité plus franche et plus sincère. Il se livrait à eux comme un enfant se livre à sa mère, faisant tout ce qu'ils lui conseillaient ou lui imposaient.

Avant son départ de Melleray, des symptômes inquiétants s'étaient manifestés dans l'état de sa santé. Son teint, autrefois si frais et si rose, avait pris tout à coup une couleur pâle et parfois livide. Une toux sèche, quelques vomissements de sang avaient fait craindre au Père Abbé que son fils bien-aimé n'eût déjà les premiers germes d'une maladie de poitrine. Aussi avait-il prié les directeurs du séminaire de Nantes de veiller avec un soin attentif sur la santé du Père Jean-Baptiste. Ses recommandations étaient scrupuleusement observées. Le jeune religieux savait que l'obéissance est le meilleur moyen de plaire à Dieu et il suivait avec une filiale soumission la règle que lui avait tracée le vénéré supérieur du grand séminaire. Si la température était froide ou humide, il ne s'arrêtait en récréation que le temps exigé par les convenances et la charité. « Je ne puis rester plus longtemps, disait-il, monsieur le Supérieur, dans l'intérêt de ma santé, veut que je monte à ma chambre. » Un de ses confrères le plaignait, un jour, de cette réclusion à laquelle on le condamnait. « Ah! par exemple, dit-il, votre compassion part d'un trop bon naturel! si je suis souffrant, c'est Dieu qui le veut. D'ailleurs le Père Abbé m'a dit qu'il était heureux de me voir au séminaire, parce que je pourrai, mieux qu'à Melleray, y rétablir ma santé : je ne veux rien négliger ! » Et il montait en se disant : « Je me guérirai peut-être; je passerai de longues années dans l'observation exacte de la vie de la Trappe; Dieu et le Père Abbé seront contents ! » S'il faisait beau, il ne se permettait de rester en récréation qu'après avoir pris l'avis de ses supérieurs.

Le médecin, l'économe du grand séminaire venaient, à leur tour, donner leurs instructions au Père Jean-Baptiste, l'isoler d'une partie des exercices communs à la communauté. Dans toutes ces voix, il reconnaissait la voix de Dieu, et il obéissait sans raisonner, sans hésiter.

Ce n'était pas cependant le désir de trouver ses aises qui lui faisait accepter, de si bonne grâce, le règlement de vie qu'on lui imposait. Il souffrait visiblement de tous les soins dont il était l'objet : « On me gâte ici, écrivait-il ; ce sont : plats spéciaux, vin rouge, omnibus les jours de promenade. J'en suis tout confus ; c'est vraiment honteux pour ma profession. Je croyais qu'un moine devait aller au ciel pieds nus, à travers un chemin semé de ronces et d'épines, et voilà que tous les jours on veut me faire monter en carosse ! » Lorsque les directeurs du séminaire de Nantes venaient à lui offrir quelque adoucissement à la règle, le Père Jean-Baptiste se mettait aussitôt en devoir d'obéir. Pourtant, il disait parfois : « Oh ! de grâce ne m'obligez pas à donner le mauvais exemple ! Voyez donc comme je suis fort ! Quelle mine florissante pour un trappiste! » Et il montrait ses pauvres joues sur lesquelles il était trop facile de découvrir les signes d'un mal qui ne pardonne pas.

Pendant que sa volonté se courbait d'une façon si généreuse sous le joug de l'obéissance, son cœur s'ouvrait à la charité la plus suave à l'égard de tous ceux qui l'entouraient. Ne juger, ne parler mal de personne, essayer de faire plaisir à tous : telle était la constante pratique de sa vie. Les élèves du séminaire de Nantes et en particulier le Père Hippolyte, ont conservé, avec un religieux respect, le souvenir de plusieurs traits qui attestent tout ce qu'il y avait de délicat dans la charité et dans la bonté de son cœur.

Il y avait à la maison de campagne du séminaire, une partie du parc couverte de plantations nouvelles et dans laquelle les séminaristes avaient reçu défense de pénétrer. Le Père Jean-Baptiste venait de réciter le saint office avec un de ses confrères, quand celui-ci, levant les yeux, aperçut un séminariste dans l'enclos réservé. « Bon, dit-il, en voilà un qui est joliment en défaut! »

Le Père Jean-Baptiste baissa les yeux, s'enfuit en disant : « Mon ami, pourquoi voulez-vous voir le mal où il n'est peut-être pas ? Qui sait si cet abbé n'a pas la permission ? »

Dans les premiers temps qui suivirent son arrivée au séminaire de Nantes, le frère Hippolyte avait le cœur triste, la tête fatiguée, les nerfs surexcités. Il était évident qu'il souffrait étrangement de se voir condamné à l'exil. Le Père Jean-Baptiste s'aperçoit de cet état de souffrance ; il aborde son confrère, et, avec le sourire le plus aimable :

— Tenez, mon bon frère, lui dit-il, vous me semblez avoir oublié au monastère votre *Combat spirituel*. Je vous ai apporté le mien. Prenez et lisez, vous verrez que vous vous trouverez mieux.

Un matin la communauté venait de partir pour la promenade. La pluie tombait avec violence. Le frère Hippolyte vient trouver le Père Jean-Baptiste et lui dit :

— Mon Père, vous voyez quel temps il fait ! Vous vous exposez, en sortant, à compromettre votre santé. Croyez-moi, restez au séminaire.

— Y pensez-vous ? reprit le Père ; je n'ai pas la permission.

Et il s'élança résolument dans la rue.

Le long de la route, le frère Hippolyte multiplia les plaisanteries aimables à l'adresse de son confrère, fit ressortir tout ce qu'il y avait d'exagéré dans ses scrupules, d'étrange dans sa manière d'entendre la perfection. Le soir, les deux religieux étaient réunis à leur chambre. Tout à coup, le Père Jean-Baptiste tombe à genoux :

— Oh ! pardonnez-moi, dit-il !

— Eh ! quoi donc ? cher Père, s'écrie, tout étonné, le frère Hippolyte.

— Mais, vous le savez bien ! Rappelez-vous ce que vous me disiez ce matin. Je vous fais sans cesse souffrir par mes drôleries, mes entêtements que vous appelez des scrupules. Oui, pardonnez-moi : j'essayerai de vous faire moins de peine à l'avenir !

Ce ne fut pas la seule scène de touchante charité dont fut témoin la petite cellule qu'on avait accordée aux deux religieux. Chaque jour amenait de nouveaux épisodes dans lesquels le cœur du Père Jean-Baptiste se révélait tout entier. Fidèle aux recommandations du R. Père Abbé, le frère Hippolyte s'étudiait avec une attention, soutenue par la foi et par l'amitié, à éviter à son confrère les efforts et la fatigue. Il tenait à se charger de tous les détails intimes du ménage : balayer la chambre commune, monter l'eau, cirer la chaussure. Le Père Jean-Bap'iste ne l'entendait pas ainsi : il tenait à prendre sa large part des soins et des travaux auxquels on voulait le soustraire. Alors s'engageait entre les deux enfants de la Trappe une de ces luttes qui rappelaient les plus suaves légendes de la vie monastique aux premiers siècles de l'Église.

Une vertu si sereine, une charité si parfaite devaient produire une profonde impression sur ceux qui avaient l'avantage de la contempler.

Aussi n'ont-ils pas ménagé leurs témoignages d'admiration au jeune religieux qui avait passé dans leurs rangs, comme une apparition céleste, et trop tôt évanouie :

« Lorsque le Père Jean-Baptiste arriva au milieu de nous, écrit l'un d'eux, son bon caractère était déjà connu. A Guérande, au séminaire de philosophie, avec sa nature gaie, franche, expansive, il s'était acquis l'estime et l'affection générale. Les trois ans passés à la Trappe ne lui avaient enlevé ni son amabilité ni sa gaieté ; elles se présentaient seulement sous une forme nouvelle, moins bruyante mais plus douce, plus pieuse. Ce qui faisait que non seulement on l'aimait comme autrefois, mais que l'on commençait à le vénérer à cause de ses heureuses qualités rehaussées, embellies par les vertus cultivées dans la retraite. Autrefois c'était « le bon Jean-Baptiste » ; alors on l'appelait « le saint petit moine ».

« Nous nous disputions la bonne fortune de le posséder au milieu de nous. Facile et aimable dans les conversations, il recevait bien les plaisanteries, même celles que nous lui faisions sur la Trappe et les Trappistes. Il avait des reparties spirituelles, mais toujours sans malice, et au milieu de toutes ces qualités de l'esprit et du cœur, une simplicité d'enfant, une candeur qui allait parfois jusqu'à la naïveté. Son front pâle, sa marche un peu pénible indiquaient qu'il souffrait, et cependant il souriait facilement, son regard était plein de bonté. Son visage respirait la douceur et la charité, avec un petit air de mélancolie, sans austérité toutefois, tel qu'on le trouve dans les portraits des jeunes saints, au moins d'une classe de saints, de ceux dont l'amabilité est le trait distinctif.

« La Providence avait placé près de lui un autre religieux digne d'être son confident et son ami. Quelle union entre ces deux moines ! Tout le monde a pu le remarquer, ils étaient bien tous deux de la même famille, enfants d'un même père. Désormais le souvenir de leur passage au séminaire rappellera nécessairement le tableau de leur sainte amitié. Le frère Hippolyte avait pour le Père Jean-Baptiste une sorte de dévotion. Il n'avait pas cet enthousiasme stérile, de convention, qui ne signifie rien ; ce n'était pas non plus une admiration fruit de la sensibilité ; c'était l'admiration convaincue, le témoignage raisonné d'un homme qui contemple un beau modèle, qui en est ravi et qui fait part aux autres des mpressions de son âme. C'était l'effet de la domination promise à la douceur.

« Je m'estime bien heureux d'avoir connu le Père Jean-Baptiste, d'avoir vécu avec lui, d'avoir obtenu une place dans son amitié. Ce sera un les charmes de ma jeunesse et une douce espérance pour l'avenir de mon sacerdoce. »

Nous avons voulu citer au long ces lignes échappées à la plume d'un des plus sincères dmirateurs du Père Jean-Baptiste : elles nous ont paru résumer exactement l'impression générale qu'avait laissée son séjour au séminaire de Nantes.

Tant d'estime dans l'âme de ses confrères, ant d'attention de la part de tous ceux qui l'entouraient, auraient dû faire oublier au jeune religieux les tristesses de l'exil. Mais son cœur était rop attaché au monastère qu'il avait dû quitter.

Il n'était pas rare de le surprendre triste et pensif, les yeux fixés dans l'espace sur un spectacle qui captivait toute son attention. C'était Melleray, qui lui apparaissait, là-bas, avec sa chapelle, son cloître, son cimetière, ses statues. Il voyait le R. Père Abbé, qu'il aimait d'une affection si respectueuse et si filiale; il apercevait ses frères qui, plus heureux que lui, avaient pu conserver leur solitude ; les larmes coulaient de ses yeux. En récréation, son plus grand bonheur était de parler de Melleray, des moindres détails des constitutions de son ordre : dans son esprit rien n'était comparable à la règle de saint Benoît. Il prétendait même que le régime de la Trappe était préférable à tout autre régime. « La faim se fait moins sentir, disait-il, parce que les aliments ne renfermant ni graisse, ni beurre, passent avec moins de rapidité. » Il prenait bien, de temps à autre, le ton plaisant; mais ordinairement il disait toutes choses avec cette simplicité candide de l'enfant qui ne trouve rien de mieux que ce qui se fait à la maison paternelle.

Le R. Père Abbé venait parfois au séminaire : c'était un beau jour pour ses enfants. Le Père Jean-Baptiste ne pouvait contenir sa joie : ce jour-là il rayonnait. C'était au point que le R. Père s'en inquiétait et disait à son fils : « Voyons, calmez-vous : vous laisseriez facilement croire que vous ne vous plaisez pas au séminaire de Nantes : ce serait de l'ingratitude, en présence de toutes les attentions dont vous êtes l'objet. » — La visite que le R. Père Abbé fit au séminaire, le 15 novembre, eut un retentissement tout particulier dans l'âme du Père Jean-Baptiste. Lui-même rend compte de ses impressions dans deux lettres où se peignent l'aménité de son âme, et cette foi vive qui animait d'une façon si intime les entreprises et les actions de sa vie. La première est adressée à Vieillevigne :

« Faut-il, demande l'aimable religieux, faut-il vous dire tout de suite, chers parents, la raison qui me fait vous écrire sitôt ? D'abord, afin de dissiper toutes vos inquiétudes, je vous annonce qu'il s'agit d'une bonne nouvelle et qui vous fera grand plaisir. Mais offrez au bon Dieu, *à mon intention*, le petit sacrifice que je vous impose, en renvoyant, jusqu'à la fin de ma lettre la communication que j'ai à vous faire. » — Cela dit, il passe à un autre sujet, le développe à plaisir; puis, quand il a tenu les siens bien longtemps en suspens il reprend :

« Je vois, d'ici, que vous ne faites pas du tout attention à ce que je vous écris; une seule chose vous préoccupe, c'est mon petit secret. Nous y voilà enfin ! Quand une personne qui nous est chère doit recevoir une grâce de choix, si nous lui portons un véritable intérêt, nous devons prier beaucoup, pour qu'elle se rende digne des bienfaits de Dieu. Aussi, chers parents, je suis sûr que votre secours ne me fera pas défaut, en cette circonstance. Le R. Père Abbé est venu, hier, au séminaire. Il nous à enjoint à mon frère Hippolyte et à moi de retourner à Melleray pour le 8 décembre. Ce jour-là, mon frère Hippolyte fera ses vœux et recevra la tonsure. Moi, je recevrai les Ordres Mineurs de la main du Père

Abbé, qui a le pouvoir de les donner. Vous ne pourrez assister à la cérémonie ; mais votre cœur y sera, je le sais, et vous offrirez encore au bon Dieu cette privation, afin de m'obtenir de lui les dispositions qui me sont nécessaires. Vous voyez que je m'empresse de vous annoncer cette excellente nouvelle ; mais, encore une fois, priez et faites prier beaucoup pour moi les petits enfants. »

La seconde lettre fut pour son frère.

« Je suis à la veille d'un examen, lui disait-il ; cependant tu ne seras pas surpris de me voir t'écrire quand tu sauras que j'ai à t'annoncer une bonne, mais en même temps redoutable nouvelle. J'ai dit : une bonne nouvelle. Oui à plus d'un titre ! D'abord, nous allons revoir, le Père Hippolyte et moi, notre cher monastère, que nous pensions avoir quitté peut-être pour toujours. Le Père Abbé vient de nous appeler pour le jour de l'Immaculée Conception. Dans cette fête j'aurai le bonheur de recevoir les Ordres Mineurs et par conséquent de faire un pas de plus dans la carrière sacerdotale. C'est pourquoi j'ai dit que c'était une redoutable nouvelle. Je n'ai pas besoin, n'est-ce pas ? de te recommander de prier et de faire prier beaucoup pour moi. Tu connais tout ce que cette démarche a d'important. Ah ! si ce n'était l'obéissance, certainement, bien cher frère, je préférerais de beaucoup l'état de simple religieux : il conviendrait beaucoup mieux à mes faibles épaules. Mais il faut obéir ! »

Il obéit en effet, il reçut les Ordres Mineurs et dès qu'il fut rentré au séminaire de Nantes, il s'empressa d'inviter tous les siens à se joindre à lui pour remercier Dieu du bienfait dont il venait d'être l'objet. « Si l'on mesure, disait-il avec une humilité touchante, si l'on mesure la grâce à la distance que la main de Dieu est obligée de franchir pour arriver jusqu'au cœur où elle veut la verser, quelle n'a pas été l'étendue de la bonté de Dieu envers moi, qu'il est allé chercher si loin : remerciez-le donc avec moi ! »

La grâce dont il appréciait si hautement le prix ne fut pas chez lui infructueuse. Plus que jamais, il parut plein de respect et d'amour pour la maison de Dieu, pour les moindres cérémonies de la religion. Toutes les fois qu'il lui était donné de remplir les fonctions des Ordres qu'il avait reçus, c'était pour lui une grande joie. Tout son extérieur révélait alors l'estime qu'il professait pour ces actes, si humbles en apparence, mais dont une âme pénétrée d'une foi vive saisit la grandeur et la noblesse, parce qu'elle les voit ce qu'ils sont en réalité : une participation plus ou moins intime au sacerdoce de Jésus-Christ lui-même. « Beaucoup, disait à ce sujet le Père Jean-Baptiste, pensent peut-être que le moindre sacristain suffit pour ouvrir et pour fermer les portes d'une église, le moindre enfant de chœur pour porter un cierge, le moindre chantre pour lire une leçon ; et pourtant comme je trouve cela grand, quand je le fais officiellement, et au nom de Dieu ! »

Ce fut dans ces dispositions de foi que le Père Jean-Baptiste passa les mois qui le séparaient de l'ordination où il devait recevoir le sous-diaconat. Elle eut lieu, le 29 juin, fête des saints Apôtres Pierre et Paul. Le R. Père Abbé voulut assister à la cérémonie, et, le lendemain, il ramenait à Melleray ses fils bien-aimés. Pour eux l'exil était fini! Le Père Jean-Baptiste eut peine à contenir le bonheur que lui causa ce retour. « Enfin, s'écriait-il, nous avons revu Melleray! Oh! comme mon âme bénit Dieu de cette grâce, ajoutée à tant de faveurs passées! Melleray! si vous saviez tout ce qu'il y a de douceurs, tout ce qu'il y a de charmes dans ce mot : Melleray! »

Le front serein, la joie dans les yeux, il s'arrêtait devant les autels, les statues, les inscriptions qu'il retrouvait dans son cher monastère : on eût dit qu'il voyait pour la première fois ces objets si connus de son âme, et si profondément gravés dans son cœur.

Rentré dans la solitude, il reprit les habitudes de la Trappe avec son ancienne générosité. C'était en lui comme un nouvel épanouissement de la vie monastique avant le jour où la maladie

ABBAYE DE MELLERAY VUE PRISE DU SUD-EST

allait lui permettre de faire briller d'un éclat plus radieux encore toutes les vertus dont il avait puisé la sève dans l'atmosphère du cloître.

La vertu, en effet, n'est jamais sûre de sa force, tant qu'elle n'a pas traversé l'épreuve de la douleur. Au sein du bonheur, dans la plénitude de la santé, il est facile de former de beaux rêves d'énergie, de soumission à la volonté de Dieu. Hélas! si la vertu n'est pas sincère, comme tout s'évanouit au moment décisif! Que de plaintes sur les lèvres, que de révoltes dans le cœur! Mais quand une âme sourit à Dieu sous les étreintes de la douleur, quand, au lieu de perdre le calme, elle devient plus sereine à mesure que l'épreuve multiplie ses coups, c'est alors qu'elle montre vraiment ce qu'elle valait.

D'un autre côté, si grandes que soient la force et la délicatesse des vrais amis de Dieu, il est rare qu'ils arrivent ici-bas à cette pureté sans tache qui leur permet de s'élancer directement de cette terre d'exil dans la cité des saints. Alors que fait Dieu ? Tantôt il les livre à des tortures morales, tantôt il les couche sur un lit de souffrances. Il réalise en eux cet oracle de l'Ange : « Parce que vous étiez agréable à Dieu, vous deviez passer par le creuset de l'épreuve. » C'est le moyen souvent le plus sûr, dans les desseins de sa miséricordieuse providence, pour les purifier et les attirer vite à lui. « Les larmes qui tombent dans l'humanité et qui montent vers Dieu sont, comme on l'a si bien dit, la grande force pour atteindre le ciel (1). »

Le Père Jean-Baptiste ne devait pas échapper à la destinée ordinaire des âmes d'élite.

Quelques jours après la fête de l'Assomption, il devait y avoir, à l'église paroissiale de Melleray, un service anniversaire pour le repos de l'âme d'un séminariste de Nantes. Plusieurs amis du défunt profitèrent de cette circonstance pour aller faire, selon leur expression, un pèlerinage à l'abbaye. C'est toujours, en effet, un pèlerinage qu'une visite à la Trappe. Le R. Père Abbé

(1) Mgr Mermillod.

les reçut avec une exquise amabilité. Il leur fit visiter le monastère, leur laissa pleine liberté de voir et d'entretenir le Père Jean-Baptiste. Le lendemain, il permit même au jeune religieux de se joindre à ses anciens confrères et d'aller déposer avec eux une prière sur la tombe de leur ami. Il partit donc, tout heureux de la faveur dont il était l'objet; mais à peine était-il de retour à l'abbaye, que des vomissements de sang d'une violence extraordinaire vinrent tout à coup mettre ses jours en danger.

A cette nouvelle, une inquiétude profonde se répandit à Melleray. Tous les religieux s'unirent dans une commune prière pour demander à Dieu la santé et la vie de celui qu'ils entouraient d'une affection si sincère. Le R. Père Abbé ressentit plus que tous les autres le coup qui le frappait : il voulut tout tenter, unir toutes les ressources de l'art aux secours surnaturels, afin d'arracher à la mort son fils bien-aimé.

Du reste, la règle de saint Benoît, qui prêche, sans doute, avec sagesse, mais aussi avec énergie l'amour de la souffrance et du sacrifice à ceux qui se portent bien, est pleine d'attentions et d'égards pour ceux qui sont visités par la maladie. « Il faut, dit-elle, que tout cède au soin qu'on est obligé de prendre des malades, et on doit croire que c'est véritablement Jésus-Christ qu'on sert en leur personne. On doit supporter leurs faiblesses avec beaucoup de patience, parce qu'il n'y a rien par où on puisse mériter davantage. L'Abbé aura donc toute l'application possible afin qu'on ne néglige rien dans ce qui concerne l'assistance des malades. »

Une législation, tout empreinte d'une charité si parfaite, a inspiré à l'historien de *l'Ordre de Citeaux, au* XIXe *siècle*, cette belle remarque que tous les faits viennent confirmer : « En vertu de ces prescriptions, l'Abbé est le gardien attentif de la santé de tous ses frères. Il va au-devant de leurs besoins, il devine leurs indispositions, il leur offre les soulagements, il les leur impose malgré leurs représentations. C'est quelquefois entre le père et le fils un généreux débat qui se termine toujours par un acte d'obéissance : le premier suspendant, au nom de l'autorité, la sévérité de la règle, le second, essayant de faire valoir ses droits à la pénitence, et n'acceptant que par résignation le droit et le devoir de soigner son corps. »

Que de fois ce généreux débat s'engagea entre le R. Père Abbé et le Père Jean-Baptiste ! La victoire resta toujours du côté de l'autorité, et elle ne servit qu'à faire ressortir la vertu du religieux, qui savait si bien tempérer par l'obéissance l'attrait qui l'entraînait vers la mortification.

Dès que la crise fut passée, et qu'il eut retrouvé un peu de ses forces, le malade s'empressa d'écrire à sa famille pour la rassurer et l'encourager. La lettre qu'il écrivit à sa sœur en cette circonstance, est une des plus belles et des plus touchantes qui soient sorties de sa plume. Elle nous révèle, dans un langage élevé, sous une forme pittoresque, les deux sentiments qui vont désormais dominer dans son âme jusqu'au moment de la mort : le noble mépris de la vie, et la soumission aveugle à la volonté de Dieu.

« CHÈRE PETITE SŒUR,

« Je te remercie beaucoup de la bonne lettre que tu m'as écrite au nom de notre famille. J'ai bien rendu grâce à Dieu des excellents sentiments qu'il vous a mis au cœur. Ma maladie, tout en vous remplissant de tristesse, ne vous a pourtant pas trop abattus, et avec une foi dont je suis fier et heureux, vous avez adoré les desseins de la divine Providence.

« Depuis dimanche dernier, je vais mieux. J'ai plus de forces, et l'appétit est revenu. Je dois cela certainement à l'eau de Lourdes et aux bons soins dont je suis entouré. Sans crier au miracle, car il n'y a rien d'assez sensible, remercions la très sainte Vierge, et prions-la de continuer son œuvre.

« Peut-être le bon Dieu a-t-il décidé que le moment de nous séparer ne tarderait pas. Mais, après tout, ma bonne petite sœur, qu'est-ce que la mort? C'est, comme disait un saint homme de Tours, M. Dupont, « la destruction d'une muraille. » Si le bon Dieu veut m'appeler à lui, il détruira la muraille qui m'emprisonne, et je serai bien plus près de toi et de nos bons parents. Puis, dans un certain nombre d'années, que lui seul connaît, il détruira ta muraille, celle de papa, celle de maman, celle d'Édouard, et alors nous ne nous séparerons plus. Tant que nous serons sur la terre, nous avons beau voir nos corps, nous ne nous voyons d'une manière ni parfaite, ni complète, car nous sommes surtout des âmes! Oui, c'est du côté de l'âme, et non du côté du corps, que Dieu nous a créés à son image et à sa ressemblance. Abandonnons-nous donc complètement au bon Dieu! Abandon au bon Dieu qui nous aime! Abandon au bon Dieu qui sait, beaucoup mieux que nous, ce qu'il nous faut! »

A ces accents, il est facile de reconnaître un noble cœur : il nous faut l'étudier d'une façon plus intime.

CHAPITRE V

LE CŒUR D'UN MOINE

Cloîtres silencieux, voûtes des monastères,
C'est vous, sombres caveaux, vous qui savez aimer,
Ce sont vos froides nefs, vos pavés et vos pierres,
Que jamais lèvre en feu n'a baisés sans pâmer.
. . . .
Trempez-leur donc le front dans les eaux baptismales,
Dites-leur donc un peu ce qu'avec leurs genoux,
Il leur faudrait user de pierres sépulcrales,
Avant de soupçonner qu'on aime comme vous !
Oui, c'est un vaste amour qu'au fond de vos calices,
Vous buviez à plein cœur, moines mystérieux !...
Vous aimiez ardemment ! oh ! vous étiez heureux !

ALFRED DE MUSSET.

Ce n'est pas assez, quand on veut connaître un homme, d'étudier la série, plus ou moins longue, des actes et des faits qui ont composé son existence. Les actions humaines, il est vrai, se présentent souvent avec des caractères tellement dessinés, qu'il est facile de deviner l'intention qui les a dictées, et le motif qui les a produites. C'est déjà entrevoir quelque chose de cet asile si intéressant, qui s'appelle le sanctuaire de la conscience. Pourtant cette première vue, cette première étude concentrent avant tout l'attention sur l'ensemble de la vie extérieure.

Mais, au fond de chaque âme, retentit une voix intime, qui se traduit au dehors, tantôt dans l'épanchement d'une conversation improvisée, tantôt dans les lignes d'une lettre, écrite sans recherche et sans apprêts, tantôt dans un geste, dans une attitude, dans un simple sourire. C'est cette voix qu'il faut s'appliquer à entendre, à saisir, car c'est elle qui permet d'apprécier au juste ce qui fait la vraie valeur de l'homme : son intelligence et son cœur. Hélas ! quand on écoute avec attention à la porte des âmes, on entend souvent le langage de l'égoïsme, de l'ambition, de la haine, de la volupté ; mais il y a aussi en elles des voix suaves et pures, qui parlent la langue du dévouement, du sacrifice, de la sainte amitié.

« L'histoire des peuples est une grande chose»

a dit Montalembert, leurs révolutions, leurs destinées, leur mission, leur gloire, leurs châtiments, leurs héros, leurs dynasties, leurs batailles, tout cela est beau, vaste et fécond. Mais combien l'histoire des âmes n'est-elle pas plus vaste et plus féconde encore ! et puis qu'importent, après tout, à l'homme ses ancêtres et ses descendants ? qu'importe à cet atome l'orbite où il est entraîné ? ce qui lui importe c'est d'aimer, d'être aimé, et, pendant cette courte vie, de savoir qu'il est l'être cher par dessus toutes choses à un autre être. »

Le Père Jean-Baptiste répondait comme un écho à ces belles paroles de l'auteur des *Moines d'Occident*, quand il écrivait : « Oh ! qu'il fait bon aimer en Dieu ! »

Ce mot nous introduit au plus intime de sa généreuse nature. En effet, il est permis de dire, sans aucune exagération, qu'il occupe une place de choix au milieu des hommes qui connurent le mieux les délicatesses de l'affection, épurée sous l'action de la grâce, et transfigurée dans l'union à Dieu. Au fond de son cloître, il conservait et développait dans son âme tous ces sentiments d'une amitié sainte et pure, que tant de religieux avaient fait fleurir avant lui. Chaque jour, il aimait à reporter sa pensée vers ce père vénérable, vers cette mère si chrétienne, qui avaient veillé sur ses premières années avec une si touchante sollicitude.

Il avait pour eux ce respect filial, qui devient malheureusement trop rare dans notre pauvre France, secouée par tant d'ébranlements, et couverte de tant de ruines.

Le sacrifice qu'il avait fait en se séparant de ses parents, avait laissé des traces profondes dans son âme. Peu à peu, ses premières impressions perdirent de leur vivacité ; mais le nom de ceux qui lui étaient chers resta toujours vivant dans sa pensée. L'éloignement avait rendu son affection pour eux plus virile et certainement aussi plus délicate. Sa correspondance de famille était devenue une de ses plus douces jouissances : souvent il le témoigne avec la simplicité charmante qui fut un des traits distinctifs de son caractère.

« Vous êtes toujours heureux, chers parents, leur écrivait-il, quand vous recevez une lettre de moi ; j'éprouve la même joie quand une bonne petite lettre m'arrive de Vieillevigne. C'est tout naturel : nos lettres me semblent faire renaître nos conversations d'autrefois. N'est-ce pas la plus grande douceur, pendant les jours de la séparation ? »

Et un peu plus tard : « J'ai été très heureux de recevoir votre lettre et surtout de voir que le bon Dieu veille sur votre santé. Oh ! comme je l'en remercie ! Soyez bien persuadés que je le prie souvent pour vous. Mes prières n'ont pas une grande puissance, mais le bon Dieu regarde surtout la confiance qu'on lui témoigne ; j'espère donc fermement qu'il m'exaucera. »

Un jour il se rappelle que la fête de sa mère approche. C'est une bonne fortune pour lui, et il s'empresse d'envoyer à Vieillevigne ses meilleurs souhaits :

« Je ne veux pas, ma chère maman, laisser passer ce beau jour sans vous présenter mes vœux, et sans vous renouveler l'assurance de mon attachement le plus profond et le plus sincère. Je pense bien à vous devant le bon Dieu, et je vous recommande sans cesse à la sainte Vierge, notre bonne mère et votre patronne. Je la prie de vous obtenir toutes les grâces que vous désirez, et même que vous ne songez pas à demander, mais qui vous sont utiles dans les desseins de la divine Providence. Avec une telle protectrice, pourrions-nous ne pas avoir confiance et ne pas espérer en Dieu ? »

Ces témoignages multipliés d'amour filial ne lui suffisent pas. Peu après sa profession, il veut rassurer la tendresse de ses parents, et les prémunir contre ce préjugé trop répandu que l'état religieux rend le cœur insensible aux affections, comme il le ferme aux intérêts extérieurs :

« Vit-on jamais, dit-il, l'amour d'un enfant pour ses parents éteint par une consécration à Dieu ? Non, ou bien alors cet enfant n'était qu'un faux religieux ; il n'avait de la religion que l'habit ; la récompense promise par Notre-Seigneur n'appartiendra jamais à des ingrats. Non seulement nous *pouvons*, mais nous *devons* prier de toute notre âme pour les parents que nous avons quittés. Oui, c'est un devoir ; c'est aussi un besoin de notre cœur, et ce sentiment si légitime a été parfaitement compris par nos saints fondateurs ; car lorsqu'il meurt un proche parent d'un religieux, tous les frères qui vivent dans le même monastère que lui, doivent réciter pour le défunt les sept psaumes de la pénitence : certes, ce n'est pas là nous dire de ne plus penser à notre famille. »

S'il pense aux autres, s'il prie si bien pour les autres, avec quelle délicatesse affectueuse, il réclame pour lui-même un souvenir et une prière : « Je ne vous dis pas de prier en commun pour moi, maintenant que vous êtes réunis : j'aurais l'air de croire que vous n'y pensez pas. Ce serait vous faire injure ; car vous me dites parfois que vous souffrez de nous voir séparés, et voilà que, par la prière, nous pouvons nous trouver réunis dans le cœur de Dieu. »

Nous multiplions, à dessein, les citations : il y a dans ces lettres, sous des formes simples, une affection si vraie, si dévouée, une piété si candide et si franche, qu'elles nous ont inspiré un irrésistible attrait. D'ailleurs, elles retracent au naturel la physionomie du jeune religieux ; elles nous révèlent tout ce qu'il y avait de tendresse, de force chrétienne dans cette âme, où l'amour de Dieu n'avait fait que développer l'amour filial, en l'élevant à la perfection d'une vertu surnaturelle.

Après les auteurs de ses jours, deux êtres surtout partageaient l'affection de son cœur : son frère et sa sœur, ou pour mieux dire, sa sœur et son frère. En effet, bien qu'il se fût gardé d'établir entre eux aucune distinction, une inclination plus tendre l'entraînait vers sa chère Marie.

N'y a-t-il pas dans l'âme d'une sœur des sources fécondes de force, de consolation, d'épanchements intimes, que l'on chercherait en vain à trouver ailleurs ? N'est-ce pas pour la sœur, placée à côté du frère, que semble surtout écrite cette maxime arabe sur l'amitié : « Pourquoi Dieu a-t-il donné une ombre au corps de l'homme ? C'est pour qu'en traversant le désert, il puisse reposer ses regards sur cette ombre, et que le sable ne lui brûle pas les yeux. » Le dévouement d'une sœur peut aller jusqu'à l'héroïsme, quand surtout la foi lui sert de guide et de soutien. Expliquez autrement les rapports de saint Benoît et de sainte Scholastique, de Gaston et de Sabine de Ségur ?

C'est ce caractère d'une amitié tendre et élevée que retracent sans cesse les relations du Père Jean-Baptiste avec sa sœur : leurs mutuelles confidences nous ont intéressé, réchauffé, souvent ému.

Un malaise momentané avait forcé Marie à prendre quelques moments de repos sur le bord de la mer. Le religieux lui écrit : « Comme tu peux le penser, ma bonne Marie, je n'ai pas été peu étonné de voir ta lettre me venir de la Bernerie ; mais j'ai deviné tout de suite ce que cela signifiait. Tu as été fatiguée, me dis-tu, et tu ne me fais pas connaître d'où vient ta fatigue, mais je le devine aisément. Comme tu me le disais, il y a quelque temps, nos cœurs s'étaient compris, et le vide a été trop grand.....

« N'est-ce pas, chère petite sœur, que j'ai deviné juste ! Courage, cependant ! si, de corps, nous sommes séparés, de cœur, nous sommes plus que jamais unis.

« Prends de bons bains, *à ma santé*, cela me fera autant de bien que si je les prenais moi-même. »

Quelque temps après, Marie, toujours zélée pour tout ce qui pouvait rehausser la gloire de Dieu, prêtait un concours actif aux décors nécessités par la cérémonie d'une confirmation. Jean-Baptiste en est informé. Il s'empresse de lui apprendre à sanctifier ses pieux labeurs :

« C'est à toi, ma bonne petite sœur, que je veux adresser une lettre aujourd'hui pour t'encourager au milieu de tes nombreux travaux.

Qu'il est consolant de penser que tu travailles pour l'Esprit-Saint! Ce divin Esprit donne son amour à ceux qui le lui demandent : à plus forte raison te le donnera-t-il, à toi qui le sollicites, et par tes prières, et par ton travail. Tout ce que nous faisons sur la terre doit tourner à la gloire de Dieu. Mais nous sommes beaucoup plus encouragés, quand nous voyons nos œuvres servir immédiatement à l'éclat du culte catholique. J'envierais presque ton sort, si, moi-même, je n'étais pas assuré d'avoir entre les mains un moyen de glorifier Dieu par l'exacte observance de notre règle. Prions bien l'un pour l'autre, afin d'obtenir de Notre-Seigneur la grâce de le servir fidèlement, chacun dans notre position. »

Il est facile de comprendre, à ces épanchements élevés, ce que ces deux âmes vaillantes avaient le courage de se cacher : le tourment de l'absence.

Les relations si saintes qu'elles entretenaient par leur correspondance ne leur suffisaient pas. Le frère et la sœur désiraient se retrouver, se communiquer leurs pensées intimes, alors surtout que leurs cœurs s'entendaient si bien à célébrer le bonheur que l'on goûte dans une vie toute consacrée au service de Dieu.

« Qu'il me tarde de te revoir, avouait enfin la pauvre sœur! Après plus d'une année de muettes souffrances, quand me sera-t-il donné d'aller à Melleray t'admirer dans ton costume de moine, avec ta robe blanche, ton air austère et recueilli! »

Plusieurs mois devaient encore s'écouler avant la réalisation de ce vœu si légitime. Enfin Marie montre l'espoir d'une prochaine réunion, dans des avances où son bonheur se trahit :

« J'irai te visiter au mois d'octobre, frère chéri, si l'on a la bonté de me recevoir. Je désirerais entendre la messe, à l'abbaye, le matin de mon arrivée. La personne qui m'accompagnera et moi, nous entreprendrons ce voyage comme un pèlerinage. Oh! cher petit frère, je brûle d'être près de toi! Il y a, ce me semble, un siècle que je ne t'ai vu! »

Le jour de son passage au couvent dut être pour elle une journée de pures et délicieuses jouissances ; il fut trop court au gré de ses désirs. La Providence allait lui ménager, avec son frère, des entrevues nombreuses, mais qui perdirent une partie de leurs charmes à cause des douloureuses circonstances dans lesquelles elles durent se produire. Deux semaines, en effet, après la visite de Marie à Melleray, le Père Jean-Baptiste quitta la Trappe pour se rendre au grand séminaire de Nantes. Les rapports entre le frère et la sœur pouvaient désormais être fréquents : Vieillevigne était si rapproché, les communications étaient si faciles !

Malgré la joie naturelle qu'il éprouva d'être à portée de revoir ses parents, le religieux, nous l'avons vu, ne leur dissimula pas sa douleur d'avoir quitté une maison à laquelle tant de liens sacrés l'unissaient.

Ce mélange de joie et de tristesse se traduisait surtout dans une lettre adressée à Marie :

« Oui, te revoir, ma bonne petite sœur, te

revoir souvent, c'est bien doux! Mais, tu le sais, je suis un pauvre exilé... Oh! qui me rendra Melleray! Si l'on pouvait transporter Vieillevigne aussi près de Melleray qu'il se trouve de Nantes, voilà qui serait le comble de mes rêves. Moi, à la Trappe, toi, tout près de la Trappe : demande donc à ton cœur ce qu'il pense de cette combinaison! Mais enfin que la sainte volonté de Dieu soit faite! »

Marie ne fut pas moins généreuse, l'âme de la chrétienne eut la force de triompher des sentiments de la sœur. Celle-ci se réjouit; celle-là trouve dans sa foi des accents douloureux, presque des larmes, pour déplorer un événement dont la cause de Dieu et la perfection du Père Jean-Baptiste auraient peut-être à souffrir.

« Merci pour ta bonne lettre, répond-elle à son frère. Comme toi, nous sommes désolés de savoir que tu as dû quitter l'aimable asile où tu étais si heureux. Espérons que bientôt tout changera, et que vous pourrez reprendre le chemin de votre monastère. Quoiqu'il nous soit doux d'être si près de toi, nous comprenons ta souffrance, et nous la partageons. »

La jeune fille savait combien son père et sa mère étaient désireux d'embrasser leur cher trappiste. Elle les engagea donc à partir, et se chargea, pendant leur absence, de toutes les sollicitudes et de toutes les préoccupations du foyer domestique. Ils se mirent en route, restèrent quelques heures près de leur fils chéri, et revinrent à Vieillevigne réconfortés et réjouis. Marie trouvait dans leur bonheur si légitime la récompense de son abnégation. Son tour viendrait; elle n'en doutait pas : elle attendrait avec patience.

Le Père Jean-Baptiste avait reçu la visite de ses parents, dans les premiers jours de novembre. Son cœur puisa près de ceux qu'il aimait de si douces consolations, qu'à la fin du mois, il sollicitait une nouvelle entrevue. On l'a dit avec raison: « Rien n'est inventif, inépuisable, industrieux comme l'amour ! » L'âme tendre et délicate du Père Jean-Baptiste connaissait tous les mystères, tous les trésors de l'affection sincère et profonde : une pieuse industrie allait lui servir à rappeler près de lui sa sœur bien-aimée.

Deux surplis, l'un pour son confrère le Frère Hippolyte, qui était aussi à Nantes, l'autre pour lui-même avaient été envoyés à blanchir. Ils allaient leur être nécessaires pour la réception des Ordres Mineurs. L'excellente occasion pour presser le retour de Marie ! Pourtant, comment s'y prendre pour ne pas contrarier les parents et leur enlever la pensée qu'ils étaient oubliés dans cette préférence apparente ?

« Je proposerais bien à papa et à maman de venir, la semaine prochaine, dit le jeune religieux ; mais comme maman a été enrhumée, ce ne serait peut-être pas très prudent. Si Marie pouvait venir, vers jeudi, nous apporter nos surplis, je serais bien content ! Nous partirons, le samedi, pour le couvent et nous n'y resterons pas, je crois, plus de huit jours. Aussitôt après mon retour, je vous écrirai. Papa et maman pourront alors venir : je serai très heureux de les revoir un peu. » Charmante ruse de l'amitié fraternelle ; tendres attentions de la piété filiale qui craint d'être égoïste et de ne pas se manifester assez !

Chose étrange et que l'amour divin peut seul expliquer ! Cette facilité de se réunir souvent, de s'entretenir ensemble, de renouer en quelque sorte des liens qu'il avait été si difficile de briser, loin d'amollir les âmes du frère et de la sœur, semble les rendre plus vaillantes, et leur donner le courage de désirer une nouvelle séparation ! On dirait, selon la belle expression de Bossuet, « qu'ils ne respirent plus que du côté du ciel. » Qui n'admirerait le langage de la généreuse Marie après le retour des deux religieux au séminaire ?

« Comme vous avez été joyeux de revoir votre cher monastère ! Fasse le Ciel que bientôt vous y puissiez rentrer pour ne plus en sortir ! c'est ce que nous allons demander au petit Jésus, dans ce saint temps de Noël. Nous serons exaucés, je l'espère : car, malgré toute la douceur que nous ressentons d'être à même de te revoir souvent, nous ne devons pas nous complaire dans la prolongation d'un état de choses contraire à ta vocation sainte. »

L'affection véritable perce à travers tous les mots de ce langage si chrétien : elle cherche avant tout le bien spirituel de l'objet aimé ; ce qu'elle veut pour lui, c'est le ciel ! Là, les âmes se reconnaîtront et renoueront, pour ne plus les briser, les liens qui les unissaient ici-bas. Voilà pourquoi Marie n'adresse pas d'autres vœux à son frère, au début de la nouvelle année : « Si Dieu daigne exaucer nos prières, écrit-elle, tu seras comblé des bénédictions les plus abondantes, jusqu'au jour où nous jouirons au ciel de cette aimable vie de famille, dont nous sommes privés sur la terre. Souviens-toi, malgré tout, que, si nous sommes séparés, nos cœurs sont cependant toujours unis, et nous ne faisons qu'un ! »

De son côté, le séminariste se rappelait toujours qu'il était voué à la perfection de la vie religieuse. Fidèle, dans la mesure du possible, à suivre les règlements et les usages de la Trappe, il se priva, pendant le carême, d'écrire à Vieillevigne. L'acte de mortification fut rude pour son cœur. Aussi, quand la fête de Pâques arriva, quelle douce jouissance d'envoyer une longue épître à ceux qui l'attendaient avec tant d'impatience ! Réduits au silence, pendant près de deux mois, le frère et la sœur multiplient leurs témoignages de tendresse : pour avoir été longtemps comprimés, leurs sentiments n'en débordent qu'avec plus d'expansion. « Comment, s'écriait Marie, pourrai-je te dépeindre la joie dont nous avons été remplis, en recevant ta lettre ! Ton cœur si aimant te le dira : vois comme tu es heureux quand tu reçois un mot de nous ! »

Puis, parlant uniquement en son nom, elle poursuivait : « Tu sais que nous avions su nous comprendre : comme maintenant surtout nous avons besoin d'épancher nos âmes ! Pour moi c'est un vrai bonheur quand je t'écris, et, mieux encore, quand je te vois ! »

Ces dernières lignes étaient une préparation à une prière adressée un peu plus tard, et dans laquelle le désir d'un nouveau voyage à Nantes se manifestait sans détours : « Tu dois avoir une visite, cette semaine : nos parents vont aller passer quelques instants près de toi. Comme je désirerais suivre bientôt la même route ! Mais il me faudrait une permission, et, je le sens bien, elle ne viendra pas de sitôt. Tâche donc de trouver un prétexte pour me réclamer : de cette façon, je serai sûre d'obtenir. »

Cette entrevue rêvée eut lieu. Hélas ! elle fut la dernière entre le frère et la sœur ! Après l'ordination où il avait reçu l'Ordre du Sous-Diaconat, le Père Jean-Baptiste était rentré à Melleray et la maladie l'avait condamné à la réclusion, à la vie qu'il appelait, en souriant, une vie de moine de « l'Ordre des désœuvrés ». En dépit de ses souffrances, le religieux continua d'entretenir la plus affectueuse correspondance avec sa sœur chérie. Tantôt il la rassure, tantôt il la console, la fortifie et la prépare insensiblement à l'adieu suprême. Ce fut à elle, comme il le disait, qu'il laissa « une bonne moitié de son cœur » !

Un autre membre de sa famille eut, lui aussi, une large part dans son affection. Ce fut son frère aîné, ce *cher Sulpicien*, comme il se plait, à chaque instant, à l'appeler. Tous les sentiments de son cœur passent, on le sent, dans cette appellation : car, pour une nature franche et naïve comme la sienne, les mots, loin de former jamais des phrases vides de sens, répondent toujours avec exactitude aux pensées, aux sympathies intimes. Sans doute il y a dans cette affection moins de liberté, moins d'expansion que dans l'amitié qui unissait le frère à la sœur : le respect pour le caractère sacerdotal y domine et nous explique cette retenue. Cependant la simplicité ravissante, l'aimable enjouement que nous avons constatés dans les relations du Père Jean-Baptiste avec les autres personnes de sa famille se retrouveront dans sa correspondance avec son frère vénéré.

Un jour, il s'aperçoit que le cher Sulpicien pourrait se plaindre, à bon droit, d'un trop long silence. Il va se tirer d'embarras en prenant le ton d'une douce et fine plaisanterie :

« Je lisais, il y a quelque temps, dit-il, cette parole d'un homme qui certainement ne connaissait pas ce dont il parlait : « La solitude n'est « bonne que pour l'homme d'étude et pour l'homme « de pierre. » Bien que je ne t'aie pas écrit depuis longtemps, j'ai confiance, mon bon frère, que tu ne me rangeras pas dans la seconde catégorie. J'ai peut-être une petite place dans la première, car j'étudie ; mais l'étude ne m'absorbe jamais assez pour que j'oublie de penser à toi. »

Quelques mois après, il se trouve encore en défaut ; cette fois il fait appel à l'amitié pour obtenir son pardon : « Comment m'y prendre, mon cher Sulpicien, pour te faire excuser mon silence, après ta charmante lettre du mois d'octobre ? Je serais certainement bien embarrassé si je ne connaissais ton excellent cœur, et si je n'étais sûr qu'il m'a déjà pardonné. C'est lui qui m'assure encore le pardon de n'arriver qu'au second jour de l'an, quand j'aurais dû paraître au premier. »

Souvent, lui aussi se plaint du retard trop ordinaire du courrier de Coutances ; il ne peut surtout souffrir, pour nous servir de son expression, *le silence continu de M. l'économe* sur la question de sa propre santé.

Lorsqu'il ressentit les premières atteintes du mal qui devait terminer sitôt sa trop courte existence, ce fut à son frère bien-aimé qu'il confia d'abord ses impressions :

« J'écris aujourd'hui à Vieillevigne, dit-il, mais je ne leur parle pas de tout cela : peut-être n'est-il pas temps encore. » Avant de porter à la tendresse de ses parents, et à l'affection de sa sœur chérie un coup dont il appréciait la gravité, il a besoin de chercher un appui près de celui qu'il suppose non moins aimant, mais plus fort et plus résigné.

La fatigue qu'il avait éprouvée s'accentue, et prend un caractère alarmant. Cette fois, il parle tout à fait à cœur ouvert : « Je vais te confier une chose que je n'avoue à personne : je ne pense pas me relever de ma maladie. Ce ne sont pas les soins qui me manquent : oh ! non, je suis à même d'avoir toutes sortes de soulagements ; malgré cela je ne vais guère mieux ; je tousse beaucoup, je suis oppressé : je crois bien que je ne ferai pas de vieux os. »

Puis, de la façon la plus touchante, il supplie son frère de ne rien lui cacher sur sa situation :

« Si tu sais quelque chose, je te serai bien reconnaissant de me dire la vérité ; il le faudra bien tôt ou tard : vaut-il mieux attendre que je sois affaibli, de manière à n'être pas trop maître de mes facultés ? Le bon Dieu qui m'a donné la vie, est bien maître de me la retirer quand il le voudra. Je la lui sacrifie de grand cœur ; mais si tu sais quelque chose, dis-le-moi, je t'en prie : on ne se fait pas Trappiste pour vivre ! »

On le voit, malgré sa confiance absolue dans ses supérieurs, ce n'est pas à eux qu'il s'adresse : il lui semble qu'il ne peut réclamer que du dévouement fraternel cette marque suprême de l'affection.

S'il accepte la mort pour lui-même, il attend

du cher Sulpicien « qu'il se résigne et qu'il vive ». Le 30 décembre 1881, il lui écrit :

« Je viens remplir un devoir, en te présentant les vœux que je forme pour toi, à l'occasion du nouvel an. Ce sont peut-être les derniers ; mais, au ciel, on n'oublie pas ceux que l'on a aimés sur la terre. Pour toi, reste ici-bas, reste pour consoler ceux qui pleureront mon départ. Un jour, tu viendras me rejoindre ; mais pour le moment, tu n'as pas le droit de mourir. »

Le vœu qu'il ne manifeste ni pour son père, ni pour sa mère, ni pour sa sœur, il ose le former pour son frère. Avant de quitter la terre, il voudrait être consolé par sa présence, l'entretenir, lui confier pour chacun le dernier adieu. Peut-être eût-il craint dans les autres les témoignages d'une douleur qui aurait pu l'amener à faiblir : il n'attend de son frère qu'un accroissement de paix, de courage, de force divine. Déjà sous les étreintes de la mort, ne se faisant plus illusion sur l'issue de sa maladie, il écrit à son confident une lettre où l'amitié s'épanche avec une grâce, un enjouement qui peignent au vif la sérénité, la délicatesse de sa belle âme :

« *Tempus tacendi et tempus loquendi* (1). »

« Sans doute, bien cher Sulpicien, la retraite est un temps de recueillement ; mais ne pourrait-on pas écrire à un frère malade sans faire trop de tort à ce silence et à ce recueillement, surtout quand ce frère recevrait un petit mot de son frère comme un mot du ciel. Mais, non ! dans chaque lettre que je reçois de Vieillevigne, je trouve presque invariablement la même phrase : « Nous avons reçu une lettre de notre cher Sul-« picien ; » et moi, quand j'écris, je dis aussi invariablement : « Je n'ai rien reçu de Cou-« tances ! » Je serais tenté d'être jaloux. Mais il y a un moyen de remplacer bien des lettres : tu n'y as peut-être pas songé. A la fin des vacances, un économe ne peut pas quitter sa maison : il faut tout préparer pour la rentrée ; pendant la

(1) Il y a un temps pour se taire, un pour parler.

retraite, un directeur ne peut pas abandonner ses dirigés. Mais quand la retraite est finie, quand les dirigés voguent à pleines voiles dans le chemin de la perfection ; quand la cuisine est en train et que tout marche parfaitement, un directeur, un économe ne pourrait-il pas trouver quelques jours pour une visite sinon nécessaire, au moins très utile ; pour une visite qui lui montrerait que son frère, bien loin d'être mort comme on le croyait, il y a peu de temps, ouvre l'œil hardiment et se décide à soutenir la vie, tant que le bon Dieu voudra la lui laisser. Je crois, et d'autres pensent comme moi, que cette idée n'est pas mauvaise. Sans cela, je serai obligé de dire : Je ne puis avoir la visite de mon frère et j'ai cependant celle de ces messieurs Sulpiciens de Nantes, qui sont venus quatre pour me voir. C'est certainement très gentil de leur part, et je les en remercie beaucoup ; mais, de plus, c'est un bon exemple et les bons exemples méritent toujours d'être imités. Tu ne peux pas alléguer les difficultés que mettrait en avant un professeur de dogme, de morale ou même d'histoire ecclésiastique ; je suis très bien renseigné, tu n'as rien qui t'arrête : je compte donc sur toi. »

Il est impossible de n'être pas ému à la vue d'une telle égalité d'âme, surtout si l'on songe que cette lettre a été écrite à une époque où les forces épuisées ne permettaient plus au malade de tracer quelques lignes sans une fatigue extrême.

Si nous voulions compléter le tableau de ses affections domestiques, il faudrait parler du souvenir constant que le Père Jean-Baptiste conservait à son vieil oncle, vénérable prêtre, envolé vers le paradis peu de temps avant le départ de son neveu pour la Trappe de Melleray. Nous devrions rappeler aussi la sollicitude avec laquelle il s'informe de cette famille, alliée à la sienne et dont les enfants lui inspirent un intérêt si intime ; de cette jeune parente à laquelle il écrit pour la disposer à la première communion, de cette petite filleule dont il a désiré si ardemment les progrès. Tant il est vrai que l'affection chrétienne ne saurait être exclusive : elle aime à se répandre de l'un à l'autre comme une flamme qui va se communiquant de proche en proche, sans être arrêtée par aucun obstacle.

L'affection du jeune religieux embrassait encore les prêtres de sa paroisse, dont l'estime et la cordiale amitié lui étaient depuis longtemps acquises. Pas une seule fois, dans ses lettres, il n'omet de leur envoyer des témoignages de son affectueux respect. Cette fidélité au culte du souvenir ne prouve-t-elle pas, une fois de plus, que la grâce avait développé en lui, à un rare degré, la mémoire du cœur?

Dans la vie de communauté, le Père Jean-Baptiste se retrouve avec toutes les prévenances, toutes les attentions, tous les dévouements d'une âme aimante. Le R. Père Abbé, le Père Prieur, le Père Maître, en un mot, tous ses supérieurs ont part à sa confiance, à son admiration, à ses délicates prévenances.

Il vient de passer avec succès un examen qu'il avait préparé avec le plus grand soin. Aussitôt sa pensée se reporte vers le R. Père Abbé de Melleray, pour songer au bonheur que va lui causer la note obtenue par son fils bien-aimé.

« Je suis en retard avec toi, écrit-il à son frère : nous avions, tu le sais, un examen à préparer. Un examen est toujours une affaire sérieuse ; pour un Trappiste c'est une affaire fort grave. Enfin, grâce à Dieu, j'en suis sorti avec les honneurs de la guerre : j'ai obtenu la note *Bien !* Ce qui me rend heureux, c'est surtout la pensée de la joie que le R. Père Abbé éprouvera en apprenant le résultat de mon examen. J'avais travaillé, je te l'assure, avec tout mon cœur, afin de le dédommager un peu de tous les sacrifices qu'il s'impose pour nous, de tous les voyages qu'il fait pour nous. Si tu savais comme il est bon et comme je l'aime ! »

Rien n'est touchant comme l'inquiétude où le jette la crainte de voir son Père bien-aimé abandonner le gouvernement de l'abbaye.

Le Révérendissime Abbé de la Grande Trappe venait de descendre au tombeau. Qui le remplacerait dans la direction générale de l'Ordre? Déjà le bruit courait que son successeur allait sortir de Melleray. Les religieux étaient remplis d'anxiété; mais nul ne s'effrayait de cette rumeur autant que le Père Jean-Baptiste. Aussi redoublait-il de ferveur afin de conjurer par ses prières ce qui lui semblait être un malheur irréparable. Dès qu'il est rassuré, il laisse éclater sa joie et engage sa famille à s'associer à ses actions de grâces :

« Vous avez fait prier les petits enfants pour nous obtenir une grande faveur, écrit-il ; faites-les maintenant remercier le bon Dieu ; nous avons obtenu la grâce que nous sollicitions. Quel bonheur ! Notre R. Père Abbé ne sera pas obligé de nous quitter ! »

La vie commune est, à la Trappe, comme dans les autres ordres religieux, et plus peut-être qu'ailleurs un fardeau que la foi seule peut rendre léger. Être partout et toujours ensemble, se regarder, se surveiller les uns les autres, n'être jamais seul ! Il y a des jours où les plus fervents éprouvent une fatigue, un malaise, une souffrance indicibles !

Si encore tous les membres d'une communauté pouvaient vivre avec des personnes de leur choix ! Mais tous arrivent avec un caractère différent, des humeurs diverses, quelquefois bizarres, chagrines, impatientes, mélancoliques. La manière de voir et d'agir de celui-ci ne s'harmonise guère avec les goûts et les procédés de son voisin. Il y a dans la constitution morale et quelquefois physique de chaque individu des traits qui déplaisent à ceux-là même qui sont les mieux disposés et les plus bienveillants. Chacun porte en lui-même son caractère propre, son tempérament plus ou moins défectueux, ses caprices, ses travers. Tout cet ensemble produit la plus étonnante variété dans une réunion d'individus appelés par leur vocation à vivre sous le même toit, à suivre la même règle, à s'asseoir à la même table. C'est une association d'éléments divers et souvent contraires, exposés à chaque instant à se rencontrer, à se heurter, à se choquer. Aussi le grand et

CHAPITRE

difficile secret est de savoir tout souffrir sans se plaindre et de tout faire sans jamais être pour les autres une occasion de peine et de souffrance.

Le R. Père Prieur de Melleray, plus capable qu'aucun autre d'apprécier les difficultés que rencontre un religieux à se montrer toujours charitable, dévoué, aimant à l'égard de ses frères, nous a retracé, dans des lignes émues, l'admiration que lui avait causée la conduite du Père Jean-Baptiste. Cette belle page sur la charité monastique fait presque autant d'honneur à l'écrivain qu'à celui qui a su l'inspirer.

« Il faut toujours en communauté, dit-il, de la douceur, de la patience, une grande bonté de cœur, une franche amabilité, vertus précieuses et dont le cher Père Jean-Baptiste nous a donné le touchant exemple. Je ne crois pas qu'il ait jamais fait naître le moindre sentiment désagréable, suscité un semblant de reproche dans l'âme de quelqu'un de nos frères ou de nos religieux. On peut dire, en toute vérité, que tout le monde l'aimait parce qu'il aimait tout le monde.

Il avait pour tous un air rempli de bienveillance et d'amitié ; toujours affable, obligeant, empressé même au-devant de ses frères ; toujours le visage franc et ouvert comme son cœur, avec le sourire sur les lèvres. On lisait dans ses yeux qu'il était prêt à tout, pour être agréable et que, dans son âme, il y avait une pensée dominante, toujours la même, celle de procurer de la joie, de causer du plaisir à ceux qu'il voyait, de rendre quelque service à tous ceux qui pouvaient avoir besoin de lui.

Renonçant à son propre avantage, à ses commodités, à ses aises, à ses sentiments personnels, au profit de ses frères, il était tout entier à leur disposition et prêt à se sacrifier pour eux, ainsi que le veut la règle de saint Benoît. Le Père Jean-Baptiste portait partout la bonne odeur de Jésus-Christ : un service rendu, une irrégularité évitée, une occasion où il s'était effacé pour mettre les autres en évidence, un travail, une petite humiliation revenant à d'autres et qu'il savait quelquefois prendre pour lui ; tout, dans son attitude et dans ses actes, révélait une âme aimante, charitable qui s'oublie et s'étudie à rendre les autres heureux. »

Ces sentiments du Père Prieur, nous les retrouvons en des termes non moins convaincus, sous la plume du Père Abbé : « Le Père Jean-Baptiste, dit-il, aimait à faire plaisir à tous, avec discrétion toutefois et sans obséquiosité. Il saisissait, avec une simplicité charmante, toutes les occasions de rendre service : ceux qui ont vécu avec lui en rendent volontiers témoignage. Aussi tous l'aimaient d'une affection sincère et respectueuse. »

Le caractère particulier de sa charité était une aimable simplicité, qui l'inclinait à penser que les autres avaient raison et que leurs désirs devaient être préférés aux siens. Son âme s'ouvrait à l'admiration en présence de la vertu de ses frères : de cette estime qu'il concevait pour eux naissait une affection sainte, élevée dont les parfums se répandaient sur toute la communauté.

CHAPITRE VI

LA MORT A LA TRAPPE

S'il est dur de vivre à la Trappe,
Il est bien doux d'y mourir.
(Maxime écrite sur les murs du monastère de Melleray.)

Je dis que le tombeau qui, sur les morts, se ferme,
Ouvre le firmament,
Et que ce qu'ici-bas nous prenons pour le terme
Est le commencement.
(V. Hugo.)

La correspondance du Père Jean-Baptiste nous a déjà laissé soupçonner la marche qu'avait suivie sa maladie. Depuis le terrible accident qui, au lendemain du service célébré à l'église de Melleray, l'avait jeté à l'infirmerie, sa santé demeurait plus que jamais ébranlée. De temps à autre, on le voyait reparaître au milieu de ses frères, s'associer aux exercices de la communauté, prier à la chapelle, se promener lentement sous le cloître. Bientôt un nouvel accident survenait, de nouveaux vomissements de sang épuisaient ses forces et le condamnaient à reprendre le régime des malades.

Tout pénétré des hautes inspirations de la foi, il s'appliquait à se soumettre sans répugnances et sans murmures, à la volonté de Dieu. En même temps, afin de se conformer aux désirs clairement exprimés de ses supérieurs, il prenait courageusement tous les remèdes qu'on lui avait préparés. Puis, avec une grâce charmante, il disait : « Encore un qui m'a fait du bien ! »

— Est-ce vrai ? lui objecta un jour le Père Abbé ; car votre santé ne s'améliore pas, mon pauvre enfant; on dirait même qu'elle devient, chaque jour, de plus en plus délicate !

Il sourit, et répondit :

— Avouez, du moins, mon Père, que cela ne me fait pas de mal ; et, dès lors, pourquoi attrister ceux qui me soignent avec tant de charité ?

De tous côtés, des prières ardentes s'élevaient

CLOÎTRE

vers le Ciel pour demander à Dieu sa guérison. Il voulut s'y associer, avec toute la dévotion de son âme, mais plutôt pour faire plaisir que pour obtenir la prolongation de ses jours. Il fit à cette intention toutes les neuvaines qu'on lui proposa ; il but longtemps et avec persévérance de l'eau de Lourdes, usa de l'huile de la sainte Face.

— Est-ce que vous croyez que vous allez guérir ? lui demanda un de ses confrères.

— Certainement, la sainte Vierge peut faire ce miracle, et nous la conjurons de l'opérer.

— Est-ce que vous y tenez ? si j'étais à votre place, j'aimerais mieux profiter de l'occasion pour aller immédiatement au ciel.

— Oui ; mais le R. Père Abbé le veut, il a ses raisons que je n'ai ni le droit ni le désir de sonder.

— Mais, si vous revenez à la vie, votre salut sera de nouveau exposé, et vous pourriez regretter votre guérison ?

— Comment ? dit-il, riant de bon cœur. Est-ce que vous croyez que Dieu et la sainte Vierge vont me guérir aujourd'hui pour que je me damne plus tard! si je guéris, ils me donneront toutes les grâces dont j'aurai besoin pour profiter saintement de la vie : je n'ai pas peur!

— Demandez conditionnellement votre retour à la santé !

— Non, non, je demande positivement ma guérison, le temps et les moyens d'être utile au monastère. Dieu est assez sage pour apprécier nos désirs à leur juste valeur, et il est assez puissant pour les faire concorder avec sa volonté.

Malgré ces dispositions excellentes, malgré de si ferventes prières, le mal continuait ses ravages. Comprenant que les jours d'épreuve pouvaient se prolonger longtemps encore, et peut-être se terminer par une crise décisive, il se fit un devoir de les sanctifier par la pratique des vertus que réclamaient les circonstances particulières où la Providence l'avait placé. Les anecdotes relatives à cette période de sa vie mettent de plus en plus en lumière la suavité et la délicatesse de sa belle âme.

Un de ses confrères venait de soulever devant lui une discussion sur la possibilité du miracle en faveur des religieux, qui, par état, doivent être prêts à subir, sans se plaindre, les épreuves de la vie.

Le Père Jean-Baptiste ne goûtant pas très bien les raisons alléguées par son visiteur, lui dit un peu vivement :

« De vos deux raisons, la première est hérétique, la seconde est schismatique! Si vous n'en avez pas de meilleures, votre thèse ne vaut rien! » Mais tout à coup il s'aperçoit que sa réplique a causé quelque peine. Il s'empresse de changer de ton, et d'une voix émue : « Oh! mon Père, qu'est-ce que je viens de dire?..... Pardon pour ma vivacité et pour le scandale que je viens de vous donner par mes paroles peu mesurées! »

Dans une autre circonstance, il entendit émettre cette proposition, qu'au jugement général, les anges auraient des corps d'une ravissante beauté.

— Mais, mon Père, dit le malade, les anges sont de purs esprits et n'ont pas de corps!

— Ils en prendront, ce jour-là, afin de former un cortège d'honneur à Notre-Seigneur Jésus-Christ, et de le servir dans son humanité sainte.

Alors levant la tête d'un air moitié sérieux, moitié souriant : « Est-ce que vous ne pensez pas, dit le Père Jean-Baptiste, que nous aurions plus de profit à réciter notre chapelet qu'à nous inquiéter de savoir si les anges auront un corps au jugement dernier? Tenez, mon cher Père, une prière à Dieu ou à la sainte Vierge, un acte de foi, d'espérance ou d'amour, valent mieux que toutes les recherches curieuses au sein desquelles aime à se bercer notre imagination. »

Tous ceux qui l'approchaient, pendant sa maladie, ne le trouvaient jamais complètement oisif. Malgré l'affaiblissement de ses forces, ou il lisait, ou il priait, ou il avait les mains occupées à quelque ouvrage. De temps en temps, il dirigeait vers le ciel un regard d'une douceur angélique, et dans lequel se peignait la piété qui remplissait son âme.

Il arrivait parfois à l'infirmier de laisser la porte ouverte au moment où il pénétrait près du malade ; le vent, venant de la fenêtre, la fermait avec fracas. Aussitôt le Père Jean-Baptiste allait se mettre à genoux et récitait un *Ave Maria*, ainsi que le prescrit la règle. « Vous me faites honte, disait l'infirmier, car c'est moi qui suis le coupable. — Non, non, répondait-il, c'est à moi le tort d'avoir laissé la fenêtre ouverte. Du reste, peu importe, pourvu que la pénitence soit faite, comme l'a commandé le R. Père. »

— Que faites-vous de mes restes ? disait-il à l'infirmier qui desservait sa petite table.

— C'est pour les pauvres, répondit celui-ci.

— Vraiment ! s'écria le Père Jean-Baptiste. Et à partir de ce jour, il mit une attention toute particulière, un soin marqué à ranger avec ordre et propreté ce qui restait de son modeste repas.

Ainsi s'en allait aimable et soumis, charitable jusqu'au bout, ce jeune moine que la grâce avait élevé en si peu de temps à un degré de perfection qui nous étonne et nous ravit. A mesure que les ombres de la mort s'étendaient sur sa vie, son âme ne perdait rien de son calme et de son limpide éclat. Elle se fermait doucement aux bruits de ce monde ; éclairée par les rayons de l'espérance divine, elle se plongeait sans crainte dans le dernier sommeil. Jamais aucune plainte sur les lèvres du malade : il souriait à la souffrance, il souriait à la mort elle-même... Depuis si longtemps il regardait au delà !

Bien des liens pourtant l'attachaient à la vie ! Lorsque sa pensée retournait à Vieillevigne, il entrevoyait le regard attristé de son père et de sa mère, les larmes de sa sœur : des lettres venaient presque chaque semaine lui dire les angoisses et la douleur des siens.

Autour de son fauteuil de moribond, il voyait se grouper, chaque jour, les membres de sa famille spirituelle : qu'il était douloureux de les quitter! Comment surtout aurait-il pu, sans déchirements, se séparer du R. Père Abbé, dont il se sentait l'enfant de prédilection ! Mais Dieu brisait l'une après l'autre toutes ces attaches et l'âme allégée se soulevait de plus en plus vers le ciel.

Rien de doux, rien de consolant comme de voir mourir les saints ! On avait pu dire du Père Jean-Baptiste, aux heures ordinaires de la vie : « La candeur, la pureté de ses traits nous ont souvent fait penser à la troupe des jeunes saints, morts avant l'âge, et qui sont, dans le ciel, les plus rapprochés de Dieu. » Sous l'empire de la souffrance et d'une résignation spiritualisée par l'amour, il avait revêtu une physionomie singulièrement idéale. Ainsi l'extérieur lui-même participait à la beauté de l'âme.

Lorsqu'on aperçoit, de notre temps, le règne de la matière gagner chaque jour, en étendue et en puissance, il est fortifiant de reposer ses regards sur ceux qui, avec l'aide de Dieu, sont parvenus à établir le règne de l'esprit en eux et autour d'eux. Il a fallu, pour arriver à ce but, combattre tous les instincts d'en bas, renoncer à toutes les jouissances naturelles ; il a fallu cultiver avec un soin jaloux, les nobles désirs, les élans vers le sublime et le parfait ; il a fallu surtout s'armer de l'austérité et du sacrifice, tenir sans cesse le corps en servitude. Mais quand ce travail héroïque est fait, les premières impressions de l'immortalité saisissent l'âme et le détachement se fait sans secousses et sans angoisses.

Il était facile de voir passer le reflet de ces émotions saintes sur le visage expressif du mourant. Pourquoi celui qui, dans son enfance, savait percevoir le son des notes muettes, des ébranlements légers, n'aurait-il pas, à l'heure suprême, entendu quelques échos lointains des concerts célestes ?

Il nous est permis de le penser : Dieu facilite à ses amis le travail des luttes dernières, et l'âme de ceux qui ont mis en lui leur confiance et leur espoir, soutenue par l'amour divin, triomphe, avec une étonnante facilité, de la souffrance et de la mort.

« Ceux que les dieux chérissent, a dit un ancien, meurent dans la fleur de l'âge. » La foi ne fait que confirmer cette parole : elle nous apprend que Dieu se plaît souvent à cueillir les fleurs qui exhalent de pénétrants parfums, sans attendre les fruits de l'automne. L'accomplissement de la tâche ne se mesure pas en effet à la durée de la vie, et comme l'a fait remarquer un Trappiste de Melleray, « le petit Père Jean-Baptiste a plus fait, en cinq ans, pour l'édification de tous, que beaucoup d'autres pendant une longue vie. »

Le 13 décembre, le malade reçut le sacrement de l'Extrême-Onction.

Jusque-là, malgré la crainte qui dominait tous les esprits, les religieux ne s'étaient pas habitués à la pensée de se séparer de leur frère chéri. Aussi, quand ils virent qu'on le transportait à l'église sur une chaise, quand surtout le R. Père Abbé leur annonça que le mourant leur demandait pardon, les larmes coulèrent de tous les yeux. Qui donc pouvait-il avoir offensé, lui qui avait toujours été un modèle de patience, de douceur, de charité fraternelle ? Qui donc avait-il scandalisé, lui qui avait prêché à tous, par son exemple, la régularité, la modestie, l'humilité ?

La réception du sacrement des infirmes causa une joie profonde au Père Jean-Baptiste : « Il se trouvait plus libre, disait-il, pour le grand voyage que Dieu allait lui demander. » Il recueillit le peu de forces qui lui restaient pour écrire à son frère :

« Quelques lignes seulement, pour te donner signe de vie. Je vis encore, c'est vrai ; mais, comme te l'a dit notre R. Père Abbé, je suis très fatigué. La précaution qu'il a prise en me donnant les derniers sacrements a répondu à mes intimes désirs : car, d'un moment à l'autre, il peut se faire que je succombe à un accident. Je ne te dis pas de prier pour moi : je connais ton cœur. »

Quelques jours plus tard, il adressait une lettre à Vieillevigne : ce fut la dernière qui sortit de sa plume. Elle est empreinte de ce calme parfait, de cette résignation complète aux desseins de la divine Providence que seuls peuvent faire naître la joie d'une bonne conscience et l'amour de Dieu :

« Me voilà de nouveau avec vous, chers parents : cela ne veut pas dire que je sois bien fort, mais vous voyez que l'on peut encore vivre après l'Extrême-Onction. Le bon Dieu permet que je reste encore sur cette terre ; m'y laissera-t-il longtemps ?... Ses desseins sont toujours adorables : acceptons du fond du cœur sa sainte volonté. C'est le plus sûr moyen d'aller au ciel, vers lequel nous devons tendre toujours... »

Marie comprit que ces lignes renfermaient les adieux de son frère : elle épancha sa douleur chrétienne, dans une réponse que nous avons trouvée baignée de ses larmes :

« Oh ! comme ta lettre nous a affligés, cher et bien-aimé frère ! Nous espérions toujours que tu serais mieux : le bon Dieu a d'autres desseins et nous nous y soumettons ; ce n'est pas sans peine, mais nos sentiments n'ont pas changé. Oui, nous tâcherons d'avoir le plus de courage possible.

« Oh! de grâce, ne nous laisse pas longtemps sans nouvelles! si tu ne peux pas écrire, qu'un des bons religieux qui sont auprès de toi nous tienne au courant de ta position.

« Sois assuré, frère bien-aimé, que nos prières ne te font pas défaut. Quoiqu'elles soient bien faibles, elles montent bien sincères vers le bon Dieu. Oui, nous nous retrouverons au ciel, si nous sommes fidèles à marcher sur tes traces! Nous espérons que du haut du ciel tu nous aideras à aller te rejoindre. Oh! prie pour ta pauvre sœur, obligée, elle seule, de consoler nos bons parents. Notre cher Sulpicien fait bien ce qu'il peut de son côté, mais il est si loin! Prie pour nous tous, cher petit frère, prie pour tous ceux qui t'aiment! »

A mesure que le temps marchait, les forces du malade s'évanouissaient. Dès le 15 janvier, il devint impossible de le transporter à la chapelle de l'infirmerie. Des symptômes alarmants annonçaient que le dénouement approchait.

« Il y a de ces âmes qui rayonnent, qui

éblouissent, qui entraînent tout dans leur sphère d'attraction, sans y penser, sans le vouloir, sans le savoir même. On dirait que certaines natures ont un système comme les astres, et qu'elles font graviter autour d'elles les regards, les cœurs et les pensées de leurs satellites (1). »

Nous retrouvons la trace de cette influence, de cette attraction mystérieuse sous la plume de tous les religieux de Melleray qui nous ont retracé les derniers jours du Père Jean-Baptiste.

« Je me souviens, dit l'un d'eux, de la visite que je lui fis peu de temps avant sa mort. Je lui apportais, avec la permission du Père Abbé, quelques gouttes d'huile de la lampe du sanctuaire. Je lui proposai d'entreprendre une nouvelle neuvaine de prières et d'onctions.

« — Je ne demande pas mieux, répondit-il, car enfin, n'avons-nous pas tous les textes sacrés de l'Évangile qui nous promettent d'être exaucés dans toutes nos demandes, surtout quand elles ne sont pas faites de notre volonté propre.

(1) Lamartine.

« Et ce disant, il prenait son *Novum Testamentum* et relisait les pages où ces promesses divines se trouvent consignées.

« — Mais, ajouta-t-il, puisque je n'ai, jusqu'à présent, entrepris aucune neuvaine sans l'assentiment du R. Père, je lui en parlerai.

« Le R. Père vint nous rejoindre, je me mis à lui expliquer l'usage personnel que je faisais de cette huile sainte :

« — Je ne pourrais affirmer qu'elle m'ait procuré des miracles de l'ordre naturel, mais j'ai recours à elle dans les moments de sécheresse, et je ne crois pas qu'elle ait manqué une seule fois de me rendre quelques consolations spirituelles.

« — Ce n'est pourtant pas cela qui manque à la Trappe, s'écria le cher malade. »

Hélas! les neuvaines, les prières, les vœux les plus ardents ne devaient pas rendre la santé à celui que Dieu appelait à lui.

« C'était le 29 janvier, continue le même religieux, jour de ma prise d'habit, jour de bonheur pour moi, jour de joie aussi pour lui, du moins il m'est bien permis de le croire et de l'espérer. Vers les quatre heures du soir, j'entrai dans sa cellule, et comme le Père infirmier me nomma, le Père Jean-Baptiste se pencha sur le bras de son fauteuil, et m'envoya ce charmant sourire qu'il devait garder jusqu'au bout. Le dirai-je? L'eclat de ses yeux, tranchant sur son visage amaigri, me saisit et me glaça un instant. Il ne me parlait plus que tout bas, et j'avais peine à entendre.

« — Surtout ne le fatiguez pas, me recommanda l'infirmier en se retirant.

« — Eh bien! mon bon petit frère, lui dis-je, — je me permettais de lui donner ce nom, malgré mon jeune âge, malgré sa profession, malgré le respect qu'il m'inspirait, tant sa vertu épurée et perfectionnée par la souffrance l'avait rendu semblable aux petits enfants qu'il prenait pour modèle, — eh bien ! mon bon petit frère, on dit que c'est fini! que vous partez tout de bon..., que vous ne voulez pas demeurer avec nous dans la plaine, pour combattre !

« — Oh ! si .. je ne refuse pas de travailler encore. Que voulez-vous ? le Maître m'appelle, il faut bien que je m'en aille...

« — Mais, le Révérend Père ?... Vous savez bien quelle douleur vous allez lui causer... il ne faut pas partir encore..., rien n'est désespéré..., vous n'êtes pas mort depuis quatre jours, et Notre-Seigneur sait bien, quand il lui plaît, ressusciter les Lazares.

« — Je n'espère guère ma résurrection ; pourtant si Jésus de Nazareth me disait : « Levez-vous, et marchez, » je m'empresserais d'obéir.

« Jusque-là mon espoir avait été invincible : je ne pouvais comprendre comment, après tant de prières, après tant de communions faites partout à son intention, les anges du ciel pourraient nous le ravir... Mais à ce mot prononcé lentement : « Je n'espère guère ma résurrection, » je vis que lui-même, tout en reconnaissant la possibilité du miracle, ne l'attendait pas, et je ne songeai plus qu'aux adieux.

« Père chéri, votre souvenir, le souvenir de

votre départ pour la patrie restera toujours au fond de mon cœur comme un baume de consolation et d'espérance !

« Je continuai :

« — Vous savez que j'ai pris aujourd'hui l'habit de novice ?

« — Oh ! oui.

« — Et vous aussi, vous allez bientôt recevoir un nouvel habit d'immortalité ?

« Il leva les mains vers le ciel, aussi haut que ses forces le lui permirent, et, à toutes mes paroles d'espérance, quand je lui dis qu'il allait voir ce Jésus qui, tant de fois était descendu dans son cœur ; quand je lui dis qu'il verrait notre Père et le Père de Notre-Seigneur Jésus-Christ ; quand je lui rappelai que le Saint-Esprit était le véritable époux de son âme, que Marie immaculée ne manquerait pas de venir à sa rencontre, accompagnée du juste Joseph ; à chacune de ces lueurs qu'il était bon, malgré sa sainteté, de remettre devant ses yeux, il levait encore les mains.

« — Vous resterez ici, n'est-ce pas? me fit-il promettre : si vous saviez comme il est consolant de vivre et de mourir à la Trappe.

« Je le lui promis, à la condition qu'il prierait pour moi. »

Ici, nous interrompons la narration, si attachante qu'elle soit, pour faire remarquer tout ce qu'il y a de surnaturel, de supérieur aux aspirations ordinaires de la nature, dans ces simples mots, échappés des lèvres d'un mourant :

— Vous resterez ici, n'est-ce pas? Si vous saviez comme il est consolant de vivre et de mourir à la Trappe!

Ainsi cette recherche de bonheur à laquelle se livrent tant d'hommes dans ce monde, et avec tant de déceptions dans le résultat, des moines austères la poursuivent avec une remarquable habileté et le plus étonnant succès; cet idéal, dont l'attrait reste en nous, malgré nos chutes et nos misères, mais dont l'objet divin semble fuir, avec une décevante ironie, devant nos désirs, les fils de la Trappe le saisissent et savourent ses douceurs. Si la souffrance n'était pas là pour leur rappeler toujours qu'ils n'ont pas dépouillé complètement l'humaine nature, on dirait que le ciel est descendu au milieu d'eux.

« — Vous allez recevoir la couronne, reprit le jeune novice; moi je n'ai pas encore tiré l'épée... et, vous savez combien il faut de courage et de force pour mener la lutte jusqu'au bout.

« — Oui, je prierai pour vous.

« — Il faudra penser aussi au Révérend Père?

« — Oh! oui, je penserai à lui.

« Et dans l'expression de cette réponse, à laquelle il était parvenu à donner un son retentissant, je crus remarquer comme un reproche; ne semblait-il pas inutile de lui rappeler ce pieux devoir !

« Il reprit :

« — Mon frère, dites, n'est-ce pas que vous resterez à la Trappe ?

« Je le lui promis de nouveau ; alors, se retournant davantage de mon côté, il m'adressa comme une petite louange, à laquelle je m'empressai de répondre :

« — Allez, mon bon petit frère, quand vous serez en état de lire au fond de mon cœur, mieux que je n'y lis moi-même, vous rabattrez beaucoup de l'estime que vous me témoignez.

« Aussitôt, avec une agilité que son état d'agonie m'eût fait prendre pour un mouvement nerveux, il leva la main et me frappa la joue, en souriant. Je saisis cette main déjà froide et je la baisai avec affection.

« Tout à coup le Frère infirmier entra dans la cellule et me surprit appuyé sur le bras du cher malade.

« — Mais à quoi pensez-vous ? me dit-il ; vous allez le fatiguer !

« Inconsidéré que j'étais !

« — Est-ce vrai, mon Père Jean-Baptiste ?

« — Oui, me répondit-il, avec un sourire qui fit expirer sur mes lèvres les excuses que j'allais lui adresser.

« — Pourquoi ne me le disiez-vous pas ?

« Il me montra son crucifix et colla ses lèvres sur les plaies de notre bon Sauveur.

« Sur les bras de son fauteuil, on avait adapté une petite planche qui lui servait de table.. Une image sainte, un crucifix l'entretenaient dans de pieuses pensées pendant les moments de silence. A côté du crucifix se trouvait une soucoupe pleine de vinaigre dans laquelle il trempait un linge, qu'il portait ensuite à ses lèvres et à ses narines. Me voyant inconsolable de lui avoir causé, par mon imprudence, une fatigue qui devait être une des dernières, il m'approcha de la figure son petit linge, pour m'inviter à respirer, comme il faisait lui-même.

« — Cela vous fait du bien, lui dis-je ?

« — Un peu, répondit-il.

« Et comme le Frère s'absentait de nouveau, je m'empressai de lui demander pardon.

« Au bout d'un moment, je le vis se redresser avec efforts : je compris qu'il souffrait.

« — Vous souffrez, mon bon frère ?

« — C'est fini, je m'en vais... tout de suite! ..

« — Pendant que je suis seul avec vous ? Oh! ne faites pas cela!

« — Si, je le sens bien... c'est fini...

« Vite, je me levai, j'appelai le Frère qui accourut en toute hâte et le rassura mieux que je n'aurais pu le faire moi-même.

« A ce moment la cloche sonnait pour la récitation des vêpres.

« — Adieu! la cloche m'appelle... Que je voudrais bien rester avec vous, mon bon frère, mais il faut obéir, n'est-ce pas ?

« — Allez, me dit-il.

« — N'oubliez pas mes commissions pour le ciel !

« Il étendit la main pour m'assurer de sa fidélité et m'adresser un dernier adieu. »

Nous avons voulu citer tout au long cette relation d'un intérêt si dramatique dans sa simplicité. Quel tableau ! ce jeune Père qui meurt à la fleur de l'âge et ce novice..., l'un à la fin de la route, l'autre au départ..., tous deux le regard fixé sur la patrie céleste, échangeant une dernière promesse !

Pendant cette journée du 29 janvier, le R. Père Abbé alla voir plusieurs fois le mourant. Il épiait chaque symptôme, chaque pas de la maladie, espérant, jusqu'à la fin, un miracle qui lui rendît son fils bien-aimé. Dès que le Père Jean-Baptiste l'apercevait : « Venez, mon Révérend Père, lui disait-il, venez me parler du bon Dieu ! »

C'était, depuis longtemps, sa seule pensée, son seul désir : Dieu, la très sainte Vierge, le ciel, les anges, les saints.

A quatre heures et demie du soir, il reçut la visite de ce confrère qui avait partagé avec lui, à Nantes, les tristesses de l'exil, et lui avait voué une admiration si sincère.

« Son agonie commençait, raconte le Père Hippolyte. Il sourit encore. Je pris le christ qui était devant lui et que ses pauvres petites mains ne pouvaient plus tenir. Je le lui présentai. Il y fixa un regard plein d'un inexprimable amour, y colla ses lèvres et je pus encore entendre ces mots : « O mon Jésus, que je vous aime !..... Sainte Croix..... Mon Jésus, tout à vous... mes soupirs... » Ce furent les dernières paroles que je pus saisir, mais ses lèvres s'agitaient encore. Il eût voulu que je l'exhortasse : j'étais trop anéanti, je ne pouvais parler. Trois coups de cloche annoncèrent l'heure de l'oraison ; il me tendit la joue pour m'inviter à l'embrasser et pour m'indiquer que je devais obéir à la règle. Je l'embrassai donc pour la dernière fois, et, regardant le ciel, nous nous y donnâmes rendez-vous... »

A cinq heures trois quarts l'infirmier frappait la tablette et appelait les religieux aux prières des agonisants. La sueur ruisselait sur le front du mourant ; d'horribles soupirs soulevaient sa poitrine. Malgré son état de faiblesse, malgré ses souffrances, il s'unit à ses frères qui récitaient autour de lui les psaumes de la pénitence.

Après les prières des agonisants, la vie revint peu à peu au moribond, assis dans son fauteuil. La communauté dut se retirer pour les exercices du soir : seuls le R. Père Abbé et le Père Prieur restèrent à l'infirmerie. Le Père Jean-Baptiste se sentant un peu mieux sourit et dit : « Ce n'est rien ; je vais mieux ; c'est passé ; je croyais que c'était fini ! Non, ce n'est pas encore pour cette fois ! » Le Père Abbé lui essuya le front et lui dit : « Le bon Dieu, mon fils, peut toujours vous guérir, si c'est sa volonté ; il ne lui en coûtera pas plus d'opérer votre guérison complète, en ce moment, qu'il y a quatre mois, de vous envoyer un mieux sensible. Mais, nulle puissance humaine ne peut vous rendre la santé. » Le malade échangea encore plusieurs paroles résignées, joyeuses même ; enfin fatigué, épuisé par la crise qu'il venait de traverser, il appuya sa tête sur la main du Père Abbé et s'endormit. Quand il se réveilla : « Je suis bien, dit-il, allez vous reposer ! »

Tout danger immédiat paraissait écarté ; le Père Prieur se chargea de passer la première partie de la nuit auprès du malade. A dix heures, le Père Jean-Baptiste fit un mouvement. Tout à coup, un long soupir s'échappa de sa poitrine, son regard devint fixe : il était mort.

. . . .

Le lendemain matin, les religieux s'empressèrent de venir prier auprès de la dépouille de leur Père. Il était là, immobile, sur un brancard ; son visage amaigri portait l'empreinte d'un calme parfait. « Il ressemblait, comme l'a dit Mgr de Ségur d'un autre religieux de la Grande Trappe, à ces personnages des peintures du moyen âge, si suaves dans leur naïveté et qui semblent n'avoir point de membres sous leurs chastes vêtements. »

Entre tous, le R. Père Abbé ressentit l'épreuve qui venait de visiter Melleray. Au milieu de sa résignation il fut facile de saisir ses impressions douloureuses, dans une lettre qu'il écrivit au lendemain de la mort du Père Jean-Baptiste :

« Nous avions tellement prié, disait-il, pour la conservation de la santé de ce cher enfant, que je n'ai pas désespéré même d'un miracle jusqu'au dernier moment... Le bon Dieu a ses desseins et moi je reste avec mes courtes vues ! »

Oui, nos courtes vues à tous!!!... Que savons-nous des choses pour nous plaindre et nous lamenter sans mesure ? Qu'est-ce que tout ce qui finit aux regards de celui qui mesure l'éternité ?

Le Père Jean-Baptiste était mort un dimanche ; le lundi on transporta son corps à l'église du couvent. — Les religieux récitèrent les prières du scapulaire bleu; puis l'office commença. C'était celui de saint Gérard, frère de saint Bernard. Les leçons étaient tirées du sermon où l'Abbé de Clairvaux fait l'éloge de son frère bien-aimé. Les cœurs appliquaient avec effusion au Père Jean-Baptiste les sentiments que leur inspirait la méditation de ces pages où se révèle une affection si sincère et si chrétienne.

Tous ceux qui aiment les scènes empreintse d'une touchante émotion peuvent arrêter leur regard sur le spectacle que présentait, à cette heure, l'église des Trappistes de Melleray. Au milieu du chœur, une dépouille mortelle, dont l'âme a fui vers la patrie... Des moines immobiles dans leurs stalles, la gravité de la psalmodie, les parfums de l'encens, parfois un sanglot rappelant qu'il y a des cœurs attendris dans ce cénacle où l'Esprit de Dieu souffle la foi et l'espérance : quel mélange des sentiments les plus délicats de l'âme humaine et des hautes pensées qui naissent et se développent sous l'influence de la vie du cloître !

Il est faux, en dépit de la croyance généralement répandue, que les Trappistes creusent, chaque jour, une partie de leur tombe. Seulement après l'inhumation d'un religieux, on trace une nouvelle fosse, réservée au premier que la mort viendra frapper. Il devait y avoir trois ans, au jour de la Pentecôte, que la Trappe de Melleray avait perdu un de ses moines atteint du même mal qui venait de lui ravir le Père Jean-Baptiste.

Quelque temps après, aux environs de la Fête-Dieu, le Père Prieur eut un songe étrange.

« Il me semblait, raconte-t-il, que nous allions descendre dans la fosse un de nos frères. Il y a parfois dans nos rêves des détails si bizarres ! Je me trouvais, seul religieux de chœur, à l'accompagner, avec un certain nombre de frères convers. Le cimetière était comme un vaste caveau, à la place de notre église. Arrivé à l'endroit de la sépulture, je vis que les tombes des morts étaient partout ouvertes. Les moines défunts m'apparaissaient tels qu'on les avait mis en terre, comme on voit à Rome, au cimetière des Capucins, les corps des religieux, morts depuis longtemps, parfaitement conservés.

« Au bas du sanctuaire étaient les tombes des révérends Pères Antoine, Maxime et Fulgence, les Abbés avec la mitre et les autres insignes de leur dignité : ils reposaient dans le calme et la majesté de la mort. Un peu plus bas, à droite, un jeune religieux, revêtu de sa blanche coule et couché dans sa tombe était en lecture : il tenait en main la règle de saint Benoît.

« — C'est le Père Éphrem que nous venons de perdre, dis-je aux Frères qui m'accompagnaient.

« Tout à coup le jeune religieux se lève tranquillement de son cercueil et vient jusqu'à nous.

« — C'est vous, mon frère, m'écriai-je ! Il me regarda... Ce n'était plus le Père Éphrem, mais un autre, un jeune adolescent d'une éclatante beauté, couronné de roses blanches : c'était le portrait fidèle du Père Jean-Baptiste.

« A son tour, il me demanda :

« — Qui êtes-vous, et que venez-vous faire en ces lieux ?

« — Nous venons, mon frère, chanter avec vous les louanges de l'Immaculée Vierge Marie, notre douce et bien-aimée Mère à tous. Lequel du *Salve Regina* ou de l'*Ave Maria* vous sera le plus agréable !

« Et le Père Jean-Baptiste aussitôt de commencer un chant, mais un chant si doux, une si pure mélodie ! »

Le rêve du Père Prieur s'évanouit. Était-ce un avis du Ciel? Était-ce une consolation offerte à l'avance à celui qu'une nouvelle douleur devait bientôt visiter. Il venait de se retrouver sur le bord de cette tombe qu'il avait vue entr'ou-

CIMETIÈRE

verte. Deux religieux descendirent dans la fosse et reçurent dans leurs bras le Père Jean-Baptiste.

Le trappiste est mis en terre sans cercueil, avec son vêtement pour suaire et son étole, s'il était prêtre : il a fait, jusqu'à la mort, vœu de pauvreté, et, dans la mort comme dans la vie, il n'a que ses habits de bure.

Le Père Abbé lui offre l'eau bénite et l'encens, et jette sur lui la première pelletée de terre. En un instant, la fosse est comblée, pendant que les religieux prosternés, implorent pour le pauvre pécheur la miséricorde de Dieu. Un petit monceau de terre indique la place du défunt, et une croix porte son nom :

CI GIT
PÈRE JEAN-BAPTISTE,
RELIGIEUX
DE
CHŒUR
29 JANVIER 1882

Le salut est dans la croix,
Et la vie dans la mort.

Ainsi tout était fini : une croix de bois dans un modeste cimetière, voilà toute la trace qui restait de ce religieux d'un si sympathique attrait pour ceux qui l'entouraient. Mais son souvenir devait rester vivant dans tous les cœurs.

A Vieillevigne, ce souvenir était venu prendre place au foyer de la famille, au milieu des larmes et des regrets ; larmes soumises, regrets adoucis dans des âmes chrétiennes auxquelles le R. Père Abbé avait pu écrire :

« La seule chose qui le rendît triste, c'était de vous faire de la peine. Il s'en consolait cependant, à la pensée qu'il avait eu le bonheur inestimable de naître de parents qui comprenaient et adoraient les vues mystérieuses de Dieu. Pour tout le reste, il en parlait le sourire sur les lèvres : « Oui, je prierai pour vous, disait-il « à chacun ; vous pouvez y compter, je ne vous « oublierai pas ; mais, vous et moi, bons parents, « nous étions au premier rang dans son affection. »

A Melleray, le Père Jean-Baptiste n'est pas plus oublié : on croit le voir errer sous les cloîtres. Chacun cherche cette règle vivante sur laquelle les regards aimaient à se reposer. Oui, cet attrayant jeune homme, si complètement sorti de lui-même, étonnait le couvent tout entier par sa foi, sa charité, sa candeur. Chez lui, la vertu prenait des abords qui entraînaient toutes les volontés.

Pour les plus âgés, c'était un rayon de jeunesse, une vision suave et pure qu'ils saluaient au passage; pour les jeunes religieux, c'était un aimable frère qui, sans y prétendre, sans s'en apercevoir, remplissait au milieu d'eux l'office d'un ange gardien. Aussi, depuis sa mort, il semble qu'il manque quelqu'un aux solitudes de Melleray.

Lorsqu'au chœur ou dans le silence de sa cellule, le R. Père Abbé médite et prie, souvent l'angélique figure du Père Jean-Baptiste se présente à lui. Alors les regrets revivent dans son âme... Il avait fondé sur son enfant de si grandes espérances! il voyait en lui un vase d'élection si précieux pour ses frères! Mais bientôt, ranimant sa foi dans son humilité, il songe, comme il le dit lui-même, « à nos courtes vues », et il bénit Dieu dans ses desseins impénétrables.

TABLE DES MATIÈRES

CHAPITRE PREMIER

L'ESPIÈGLE

CHAPITRE DEUXIÈME

LA VOIX DE DIEU

CHAPITRE TROISÈIME

LE NOVICIAT

CHAPITRE QUATRIÈME

EXIL ET RETOUR

CAAPITRE CINQUIÈME

LE CŒUR D'UN MOINE

9357. — Imp. Rouillé-Ladevèze, rue Chaude, 6, Tours.

www.ingramcontent.com/pod-product-compliance
Ingram Content Group UK Ltd.
Pitfield, Milton Keynes, MK11 3LW, UK
UKHW021856190726
13855UKWH00001B/342